民主主義

終わりなき包摂のゆくえ

Democracy
A Very Short Introduction

ナオミ・ザック著
Naomi Zack
河野真太郎訳

白水社

民主主義——終わりなき包摂のゆくえ

DEMOCRACY:
A Very Short Introduction
by Naomi Zack

装幀＝藤井紗和

私の孫娘、クロエとウィノナへ、

民主主義が、あなたたちの時代にもよりよくなりつづけますように

目次

凡　例

一、本書は、Naomi Zack, *Democracy: A Very Short Introduction*（Oxford: Oxford University Press, 2023）の全訳である。
一、訳文中の（　）、［　］、——は原著者によるものである。ただし、一部、原文から取り外して訳出した箇所がある。
一、原文中の引用符（クォーテーション）は「　」で括り、大文字で記された文字についても「　」で括った箇所がある。
一、原文中のイタリック体で記された箇所には、原則として傍点を付したが、いくつかの用語について「　」で括った箇所がある。
一、訳者による補足および簡単な訳注は、〔　〕で括って文中に挿入した。また、説明注については〔1〕と番号を付し、「参考文献」の末尾に掲載した。
一、原著で引用されている文献のうち既訳のあるものは、わかる範囲で書誌情報を併記した。また、訳出にあたっては可能なかぎり既訳を参照したが、訳文については必ずしもそれに拠らない。
一、原著のあきらかな間違いや体裁の不統一については、訳者の判断で整理した箇所がある。
一、索引は原著に則って作成したが、一部、訳者のほうで整理した箇所がある。

謝辞

本書は二年間という期間で書かれ、改訂された。「民主主義――知的ならびに歴史的な発展」という講義をさまざまなかたちでくり返した際に、初期段階の草稿にフィードバックをくれたニューヨーク市立大学リーマン・カレッジの学生たちには深く感謝したい。本VSIシリーズの編者であるイモジェン・ハスラムは、本書の制作にあたって熟練した調整役となってくれた。また、制作の監督をしてくれたStraive.comの制作管理取締役、エシラジュ・サラスワシにも感謝したい。本書が一貫した読みやすいものになっているのは、本VSIシリーズの上級取次編集者であるラーサ・メノン博士のおかげである。ラーサは初期の提案と完成された原稿の両方にわたって、この上なく貴重なサポートを提供してくれた。彼女の助言と編集は驚くほどに念入りで鋭敏なもので、本書の存在は彼女のおかげである。

ナオミ・ザック
ニューヨーク、ブロンクス
二〇二三年三月三日

第1章　民主主義について考える——理解のためのツール

民主主義国[1]、とりわけ豊かな民主主義国に住んでいる人びとは概して、安全で快適な生活を送っている。その人たちは自己改善の機会を与えられており、将来について楽観的だ。多くの人たちが、そのような民主主義国に移入しようとするが、すべての人が受け容れられることはない。民主主義の理想とはそのようなものであり、民主主義の恩恵は、それを手にしている人たちには簡単に当然視されてしまう。ほかの人たち、つまり貧しく、非白人で、非男性で、障害をもち、非異性愛者もしくはノン・バイナリーである人びとは、その理想を現実として受け取ることができていない。その人たちは民主主義の恩恵にあこがれるか、もしくはそれを要求し、そしてとても重要なことであるが、その恩恵を獲得することを、民主主義そのものが自分たちに可能にしてくれると信じている。

図版1「トランプ支持者が大統領選挙承認期間にワシントンDCで『窃盗を止めろ』デモをおこなう」。

民主主義の恩恵に浴している人であれ、それを手にしようともがいている人であれ、民主主義に対する自己満足的な信念は、合衆国におけるトランプ大統領の政権のあいだに揺すぶられた。二〇二一年一月六日、トランプが二〇二〇年の大統領選挙に敗北して、選挙は「盗まれた」と述べた後に、彼の支持者たちが連邦議会議事堂を襲撃し、そのいく人かは、二〇二〇年選挙の上院による認可を統括する任を負っていた副大統領の「マイク・ペンスを絞首刑にしろ」と唱和していた（図版1）。この暴力的な蜂起は鎮圧され、数百人が刑事告訴されて有罪となり、議会による調査がおこなわれた。だが、多くの保守主義者、進歩主義者、活動家、そして法学者たちは、アメリカの民主主義は「危機に陥っている」と考えている。この人びとは、一月六日の暴力と無秩序の暴発と、民主的な選挙につづく、平穏な政権移行のための通常の民主主義的な手続きを破壊しようというその意図の、両方に反応しているのである。

民主主義的な手続きに対するそのような危険は、アメリカ政治に限定されるものではない。国際的にも、民主主義に対する脅威は存在の根幹をゆるがすものになっている。二〇二二年初頭のロシアによるウクライナへの軍事侵攻は、民主主義的な主権国家の安全を侵害するものであった。もし民主主義的な主権国家が、非民主主義的なそれによって簒奪されてしまうなら、国内的な民主主義は崩壊してしまうだろう。国内的な民主主義はまた、権威主義的な結びつきや傾向をもつ、選挙で選ばれた官公吏によって脅かされることもある。フランス大統領のエマニュエル・マクロンが、二〇二二年四月に右派ポピュリストの候補マリーヌ・ル・ペンに楽勝で（五八・五パーセント対四一・五パーセントで）再選されたとき、NATO〔北大西洋条約機構〕と合衆国の民主主義世界は、心からそれを祝い、安堵のため息をもらしたのである。

民主主義に対する国内的・国外的な脅威ゆえに、民主主義とは何で、それがいかにして生まれたのかを体系的に考えることが、それを守るためにも急務となっている。哲学的・歴史的な視点からそれを考えるのが、本書の目的である。民主主義とは何か？　現在それが意味するものは、古代世界もしくは一八世紀にそれが意味したものとは違う。今日でさえも、「民主主義」と呼ばれるものが、現実の民主主義国に暮らす人たちがその言葉で意味しているものとは似ても似つかないということは往々にしてあるのだ。それでもなお、現在では「民主主義」とはおそらくみなされないような過去の「民主主義」の意味が、私たちの現在の民主主義の理想や現実を部分的に形づくっているのである。私たちはいくつかの広い定義から出発できるだろう。民主主義国（democracies）とは民主主義的な政府と社会の両方を含む国家である。民主主義（democracy）とは最善の形態の統治とそれに関係する社会の理想である。民主制（democracies）とは統治と社会の両方における、民主主義的な習慣と制度である。このように、「民主主義」という言葉は現実の国家や社会、統治形態、そして政治的習慣を指す言葉である。しかし、何をもってそれらが民主主義的だといえるのだろうか？

〔シンクタンクの〕ピュー研究所は、二〇一七年の調査結果で、どれだけ民主主義的かによって一九五カ国をランク付けしているが、その根拠は選挙手続きと複数主義、市民の自由、政府の機能、政治参加、そして政治文化である。調査では個々具体的な要素が重視されている。すなわち、全国的な選挙の自由と公平性、有権者の安全、外国の勢力からの保護、そして公務員が政策を実行する能力である。政治的生活の質もまた重要だ。これらすべての尺度にしたがえば、世界の国々の約半数が民主主義国だとみなされるにもかかわらず、「完全な」民主主義国といえるのはたった二二カ国である。ピュー研究所はその国々をつぎの順位で評価した。すなわち、ノルウェー、アイスランド、スウェーデン、ニュージーランド、フィンランド、アイルランド、デンマーク、カナダ、オーストラリア、スイス、オランダ、ルクセンブルク、ドイツ、イギリス、ウルグアイ、オーストリア、スペイン、モーリシャス、コスタリカ、フランス、チリ、ポルトガルである。そのほかの四六カ国は、合衆国も含めて、「欠点のある」民主主義国と評価された。もちろん、このようなランク付けというものは必ず、利用されている基準、そしてその基準がいかに適用されて計算されているかについての批判にさらされるものである。しかし、このプロジェクトは全体として、現在専門家たちが民主主義国というものをどう見ているかということを教えてくれるだろう。

この民主主義への入門書において私は、民主主義の異なる事例と、この言葉の用法を考える記述的で哲学的な区別を提示することからはじめたい。それは民主主義の「概念（concept）」と、民主主義の「構想（conceptions）」の区別である。[2] これは、果物とリンゴや梨とのあいだの区別、もしくは犬とプードルやバセットハウンドとの区別に似ている。この区別をあらゆる人が歓迎するわけではないと思うので、真の民主主義とは何かを表現すると主張する、民主主義のさまざまな規範的理念についても議論したい。そのような理念の表明が規範的であるのは、現実世界の行為者たちがそれを達成しようと努力すべきだという含意があるからだ。このあと第二節は現実に存在する民主制と民主主義的な統治の諸形態を主題とし、第三節は伝統的ならびに代替的な、民主主義へのさまざまな歴史的アプローチを検討する。最後に、本書の方法論を概観し、第2章から第8章の概要を提示する。

概念的ならびに規範的アプローチ

哲学者として私は、民主主義をほとんどあらゆる人が理解できるひとつの概念として見たいと考えている。概念とは、ある言葉の共有された意味であるところのひとつの理念である。それは広く共有されうるがゆえに、民主主義の概念は抽象的で一般的である。抽象的であるというのは、その概念は現実に存在する何かを指し示すわけではないということだ。つまり、それは思想なのである。一般的であるというのは、民主主義の概念は漠然としたものでもあるが、世界におけるさまざまな情況を記述することを意図するようなやり方で、この抽象概念を個別化するようなあらゆる具体的な事例を指し示すことができるし、そのあらゆる構想を指し示すこともできるということだ。民主主義の構想とは、その抽象的な概念の個別の意味の記述である。たとえば私たちは、民主主義の概念について、それは漠然とそして一般的に、統治される者たちがその統治について発言権をもつことを意味している、ということができる。民主主義のある構想は、あらゆる成人の市民が投票できるような普通選挙権によって具体化するかもしれない。それに対抗する民主主義の別の構想は、教育を受けた、もしくは財産を持った大人のみが投票できるというたちで具体化するかもしれない。民主主義のさまざまな構想は時と場所によって変化するのである。現在の私たちの民主主義の最上の構想は、人権の普遍的な承認を含んでいるだろう。それは比較的に新しい構想であり、一九四八年の国連の世界人権宣言（附録を参照）以降のものである。より古い民主主義の構想は、ある種の人権を権利の承認から排除していた。そして未来の民主主義の構想は、権利の承認を人間以外の生命体へと拡張するかもしれない。

　しかしながら、未来の民主主義の構想がより包摂的《インクルーシヴ》に、もしくは「よりよく」なるという保証はない。さらには現在において、最高だと主張される民主主義の構想が（異議を唱えられたり相争ったりするかたちで）複数存在するかもしれないのだ。過去、現在、未来についての推論をするのであれ、現在における相争う、もしくは異議を唱えられた民主主義の構想について考えるのであれ、そのように相争う構想について相対的な部分は何もないということを強調するのは重要である。というのも、いかなる時代においてであれ、どれが最上の構想であるかをめぐっては論争がなされる必要があるからだ。

「民主主義」という言葉は、この言葉の概念であるところの――概念とは言葉の意味であるのだから――心的な「何か」を指し示しており、この概念は人びとの心の外側にある現実の物を指し示す必要はない。民主主義の概念とは、くり返しになるが、漠然とした定義では、統治された人びとが統治に関して影響力をもつような種類の統治（government）である。政府（governments）は、権力の分立を備え、選挙が自由であり、多数派があらゆる人のための決定をなすことができ、個人の権利が政府によって尊重され、統治された人びとが平等に取り扱われ、報道の自由と異議申し立ての自由があり、統治された人たちが現存の政府に大まかには同意しているけれども、政府を取り替える権利を保持していれば、「民主主義的」と呼ばれてきた。民主主義的な統治のこれらの特徴のどれも「民主主義」を定義するものではない。というのも、民主主義という言葉を使うあらゆる人が、これらの特徴のすべて、もしくはほとんどのことを意味して使うとはかぎらないし、また、さらにはそのどれも意味しないこともありうるからだ。しかし一般的で、共有された概念としては、民主主義は、統治される人びとが自分たちの政府に同意し、そこに参加することが可能かつ許されているような統治の形態を、漠然と指し示している。だが、漠然とした概念は定義されえないものであるがゆえに、これは完全に適切な定義とはいえない。しかしながら、ある概念はその構想を通じて具体化することができる。

すでに触れた民主主義の特徴と、民主主義の概念に結びつけられるほかの特徴は、民主主義のさまざまな構想にしたがって組み合わせられ、具体化され、応用されてきたし、そうされつづけることができる。民主主義の構想はそれを個別の時間と場所へと具体化する。つまり、民主主義の構想は、その文脈に依存するのだ。過去の民主主義の構想は、現代の私たちの民主主義の構想にとって重要な要素を含む場合もあれば、排除する場合もあるだろう。たとえば、古代世界から一九世紀に入ってしばらくたつまで、主要な民主主義の構想は奴隷制を許容したけれども、今日では誰も奴隷制を民主主義の構想に含むことはないだろう。

このように、「民主主義」という言葉は、抽象的な概念と、そのより具体的な構想の両方を指す言葉なのである。民主主義的な政府をもつ現実の国家もまた「民主主義国」と呼ばれる。民主主義国家は通常、その創設的な文書や伝統的な習慣において（もしくはその両方において）政治的な自由を尊重する法と習慣による支配を含んでいる。二一世紀初頭の主要な民主主義の構想は、道徳的に善であるような統治という理想である。過去における民主主義の構想は、古代世界における民衆支配という（否定的な）説明から、近現代における中産階級白人男性の権利の擁護、そして労働者階級の優勢というマルクス主義的な思想にいたるまで、多様である。こういった過去の構想は、肯定と批判の両者を経過して、人種的・民族的なマイノリティ、女性、ＬＧＢＴＱ＋（？）の人びと、貧者、原住民、障害者、そのほか不利な状況におかれた人間集団を含むあらゆる人たちのための公正と平等を中心とするような、現在の進歩的な構想へとつながっていった。

民主主義の構想は明示的である必要はない。というのも、ある集団が、以前は拒まれていた民主主義的な扱いを要求して突如立ち上がるが、その際によりどころにしている民主主義の構想を名指すことはない、ということがありうるからだ。そのような場合でも、理論家は暗示的な、もしくは未分化の構想を推測することはできるだろう。たとえば、銃器による暴力に対して、政府により大きな保護を要求することは、民主主義的な統治を平和の守護者としての中心的な権威としてみるような構想に依存している。それに対し、銃器の所持者や製造者は、個人の自由を不可侵のものと考えるような民主主義の構想にもとづいて、銃器の所有や販売に対する政府の規制に反対したロビー活動をするだろう。

このように、民主主義の概念は複数の構想の根拠となるのだ。この、構想に多様性があるということは、その差異がたんに意味論的なものであるということを意味はしない。そうではなく、さまざまな民主主義の構想は、異なる具体的な過去と現在の情況とが結びつけられたものなのである。そしてそれらの構想は、現実に存在する民主主義的な政府を記述するものであるかもしれない。たとえば、南北戦争後には、合衆国における民主主義の構想は奴隷制を排除したけれども、南北戦争前には奴隷制は含まれていた。民主主義についての個別の理念は一般的な概念を構想化したものだと考えてアプローチすれば、現在は私たちが受け容れないような民主主義をめぐる理念を承認することができる。これは、民主主義の構想のなかには、ほかの構想よりもより民主主義的なものがあると示すことができるのだから、相対主義ではない。たとえば、奴隷制を排除する民主主義の構想は、それを含む構想よりもより民主主義的なのである。

民主主義の構想は、現実の政府や機関に関係しているのだから、「たんなる理念」ではない。もしある民主主義の構想が実現を志望するものであるなら、そしてたんに記述的なものであるだけでないなら、それがいかにして実現するかを説明できなければならない。つまり、現存するいかなる統治構造や機関を、その構想が基礎とする、もしくはその構想が創発することができるかが説明できなくてはならない。たとえば、女性の選挙権は、女性に投票が許されるようになる前の一九世紀の民主主義の構想には含まれていた。また、合法的な奴隷制が存在しないことは、その奴隷制が非合法化される前に、民主主義の構想の一部になっていた。両方の場合において、男性のみの投票権や奴隷制ぬきで民主主義を説明することは可能であったし、つきつめれば実際的だった。動物が権利をもっていたり、より強力な環境保護が法的に守られているような民主主義の構想は、動物の権利の人間による弁護や、現存の環境保護法を拡張する必要の承認を要請するだろう。

現実を志望する民主主義の構想は、政治運動における、またすでに民主主義的であるような政府の内部での、より大きなインクルージョンに向けた変化のさまざまな歴史をもっている。政治的な志望は個人を鼓舞し、また大衆を動かして、弁論、学問的な論文、そして民衆的なデモや抗議行動を通じて政府の変更を要求させる可能性がある。たとえば、二〇一一年の合衆国におけるオキュパイ運動は、富と収入の不平等についてのこれまでにないような国際的な意識を高揚させ、支持と抗議が九五一の都市と八二の国に広がっていった。しかし、この意識は経済的不平等に対する法的な変化に即座に帰結することはなかった。

　民主主義の主導的な構想は時の経過とともに変化していく。二〇世紀後半から現在までのあいだに、進歩的な活動家の運動と学問的な著作が、社会的平等という民主主義的な構想によって動機づけられてきた。人文学や社会科学の分野の活動家や学者たちは、しばしば新たな、平等主義的な民主主義の構想の前衛であった。活動家たちは、女性、ＬＧＢＴＱ＋（？）グループ、有色人種、そして障害者といった不利をこうむった社会の成員の非民主主義的な、もしくは不公正な扱いに対して抗議をおこなってきた。学者たちは、フェミニズム、批判的人種理論、人種の哲学、そしてポストコロニアル研究といった、既存の学問を横断する新たな下位分野を創造することによって、こういった集団の状況を分析し、改善し、向上させることを目指してきた。学問的な方法においても、革新がおこなわれてきた。つまり、スタンドポイント理論は、排除され力のない人びとの状況から語ることによって、その人びとに声を与えることを目指すし、インターセクショナリティは多重の抑圧を経験する人びとに焦点を当てる。既存の学問の下位分野、そして方法論的な革新、そしてそれらにもとづいたアクティヴィズムは、最終的に民主主義の新たな構想への動機となっていくかもしれない。

　私が提案している「民主主義」の意味の概念／構想という哲学的な区別は、あらゆる人に受け容れられはしないだろう。そのひとつの理由は、これが相対的な響きをもっており、あらゆる構想が同等に善であるかのように聞こえるということである。自分たちが考える民主主義の現実の姿、つまり現実において存在するかもしれないし存在しないかもしれない、一つの理念から出発する人もいるだろう。そのような理念と、その理念に到達できていない「民主主義」と呼ばれるものとのあいだに対称関係をおき、到達できていないものは到達できるように高められるべきであると含意することもできる。この「べき」によって、この対照は規範的なアプローチとなる。このような規範的な方法で民主主義を定義することによって、ある所与の時代における民主主義の（先述のランキングにおけるような）失敗、もしくは誤称を同定することが可能になる。たとえば、権威主義的な政府をもつ国がみずからを民主主義国と呼ぶとき、現代の規範的な民主主義の理想をもつ人びとは、その国は民主主義国ではないということができる。しかし、指摘したように、ある特定の民主主義の構想を肯定する議論もまたできるのだ。（この場合は、権威主義的な構想と非権威主義的な構想の「民主主義」と呼ばれるもののあいだでの比較である。）したがって、概念／構想アプローチと、文脈化された規範的アプローチとのあいだの差異は、たいしたものではないだろう。

しかしながら、民主主義への直接的な規範的アプローチが、民主主義的に統治された人びとに民主主義は利益をもたらすだろうというもっともらしい理由を数え上げることで、道徳的な正当化を追求することは確かである。つまり、民主主義は政治参加を通じて、統治された人びとの利益を増進する余地を生む、民主主義的な統治はよりよく機能する、民主主義的な意志決定は広い知的な資源を頼ったものである、民主主義は、内在的な人間的な善である個人の自由と自律性を支持するし、統治のもとで共有された生の部分において、人びとを平等な存在として扱うような公的な（透明な）意志決定が存在する、というふうに。これらは、人間の福祉に関係するものであるのだから、道徳的な問題である。しかし、道徳的な根拠は、さまざまな民主主義の構想に賛成するためにも、また反対するためにも提示することができるだろう。ときには、たとえば奴隷制を肯定する構想のような民主主義のある構想が、道徳的に悪い性質をもっていることは自明であろう。しかしときには、たとえば資本主義と民主主義の共存可能性をめぐる議論におけるように、道徳的な価値は論争の対象になりうる。本書を通じて私は、民主主義の観念に概念／構想の区別を設けること、そしてそこに含意される、すべての民主主義の構想が道徳的もしくは倫理的に同等のものであるわけではない、という理解が有用であると考える。

民主主義の諸要素

政府とは、徴税や防衛といった、社会の力をもたない部分が自力ではできない機能をはたす、社会の支配機構である。政府はまた、その社会のなかで究極的な物理的権力もしくは強制力をもっている。歴史的に、民主主義国家とはその統治の規範を創設的な文書、法、そして／または伝統的な習慣のうちに表現するような、現実の国家政府であった。民主主義的な諸政府は、それと結びつけられた社会のなかの歴史や文化によって特色づけられた。一六四八年のウェストファリア条約以降、民主主義の伝統的な単位とは、地理的な境界線をもった主権保持体としての国民国家であった。民主主義国とは民主主義的な政府を備えた国民国家である。

民主主義的な国民国家の創設と起源の多くの説明が、残酷で不公正な暴政と搾取的な抑圧からの解放を中心にしている。また、民主主義的な統治構造は、人間の富と権力を求める欲を制御するよう設計された――ただしそれは、二〇世紀まではエリート層だけの話であるが。言論の自由によって、民主主義国家はそういった制御についての活発な批判や不同意の余地を生み出した。たとえば、持たざる者たちによる富や収入の不平等に対する反対の声は、そのような不平等が変化を受けつけないことや、さらにはそれを悪化させようという努力によって打ち消されてしまうかもしれない。この食い違いのプロセスはいかなる自然な均衡状態に落ち着くものでもなく、民主主義国家はそのような均衡を達成するためにつくられてはいない。それでも、一般的には、民主主義と民主主義体制がどのように機能するかを理解するために、いくつかの概念的な道具が役に立つだろう。それは、インクルージョン、参加型もしくは直接の統治に対する代表制の統治、統治権力の分立、連邦制などである。

インクルージョンと参加。二つの大きな疑問が、実際の民主主義的な統治と、その統治の構想の両者を構造化してきた。すなわち、統治に対して発言権をもつ人びとは誰かというインクルージョンについての疑問と、民主主義的な統治は直接的なものであるべきか、それとも代表制であるべきか、という参加についての疑問である。インクルージョンの疑問は、市民の投票と参加の権利の問題を惹起するが、その権利は最初は財産を所有する成人男性に制限されていたのである。この疑問には、歴史的には投票権の貧しい男性と女性、そして人種・民族マイノリティ集団への拡張という記述を通じて答えることができる。第二の疑問は、統治の形式的な構造という観点では第一の疑問と関係しており、近現代においては、それは大体において直接民主制よりも代表民主制を肯定するかたちで答えられてきた。人民は——それが、ある時代にどのように名指されるものであれ——民主主義的に自分たちの代表を選び、代表たちが統治の諸機能を実行するのである。

直接もしくは参加型民主主義は、統治される人びとが直接に統治に関する決定をすることを許す。そうではない代表制の統治体制においては、住民投票がしばしばおこなわれるが、それも直接民主制の一種であろう。最近の住民投票の事例には、二〇一六年のイギリスのEU離脱の決定、そして二〇二〇年の合衆国の、カリフォルニア州によるアファーマティヴ・アクションの拒絶がある。直接民主制というのは、あたかも代表民主制よりも民主主義的であるように聞こえるし、有権者の規模が小さいのですべての構成員が参加できるかのように思えるかもしれない。だが、たとえば古代ギリシャのように、人口のうちのエリートの部分しか参加を許されない直接民主制もありうるし、近現代の民主主義諸国のように成人の普通選挙による代表統治もありうる。

広い成人の普通選挙は、ゲリマンダリング、すなわちある特定の集団が選挙区の多数派とはなれないように、政治的に選挙区の境界線を引くことによって制限される可能性もある。ボーター・サプレッション〔投票妨害〕が、人種的・民族的なマイノリティが投票所に行くことをたんに妨害したり、自分たちに関係の深い投票をすることに対する障害をつくりだしたりするかもしれない。ゲリマンダリングとボーター・サプレッションは、両方ともインクルージョンと参加にかかわるものである。

近現代のあいだ、もっとも民主的な統治機構とみなされるものは何かという観念の変化をめぐる論争は、誰が統治に対する発言権をもっているか、つまり誰が参加者に含まれるべきであるかを中心としてきた。アメリカ独立革命期の後に、この新しい国が民主主義国として成立すべきか、それとも共和国として成立すべきかをめぐって過熱する意見の対立があったが、それはつまり、おおまかには直接民主制とするか、それとも代表民主制にするかということを意味していた。その後、代表制の統治であれば、知識のない有権者は選別排除されるだろうということが想定され、それは是認された。一九世紀になると、普通選挙に対する恐怖は、労働者階級の人びとがいかにして裕福で高い教育を受けた人びとによって操作されうるかということに対する恐怖として表現された。ウォルター・バジョットは、『イギリス国制論』(一八六七年)で、それをウォクス・ポプリー〔民の声〕からウォクス・ディアボリ〔悪魔の声〕への変化と呼んだ。教育の不十分な選挙民に対するこのような憂慮は、現代における陰謀論の流布や保守主義的な白人至上主義や外国人嫌悪的なポピュリズムの蔓延に関する心配へと引き継がれている。

民主主義国と共和国との区別は、民主主義国がたんに多数派の支配によって統治され、それと対照的に共和国の政府が、多数派の投票による侵害に対して(数字上の)少数派の権利を守ることができるということであれば、さらなる重要性を帯びる。「できるものなら共和国がよい」というベンジャミン・フランクリンの発言は、合衆国の創設者たちのあいだにあった、勝者がすべてを取る政党政治に対する不安感を表現した。民主主義は疑わしいものであった。なぜなら多数派は無知である、もしくはエリートの少数派に対して偏見をもっていると信じられ、多数派は権力を握った後に不公正になる可能性があったからだ。

統治権力の分立。民主主義的な政府の構想は、中央政府権力と、国家よりも下位の統治機構の両者における権力の分立を規定する法の支配を強調してきた。基本的な市民権、一般的な統治の原則、そして統治機構を定める憲法は、合衆国におけるように成文法になる場合もあれば、イギリスのようにしっかりと確立された法的な伝統にもとづく場合もある。民主主義的な統治権力の分立は、一七八四年に出版されたシャルル・ド・スゴンダ、モンテスキュー男爵の『法の精神』のものとされる学説に沿ったものである。モンテスキューの中心的な思想は、法をつくる者、つまり立法部は、政府を代表して法を適用していく行政部とは区別された権力と権威をもち、独立した司法部は行政部と立法部の両者を監視できる第三の権力である、というものだ。

連邦制。すべての民主主義国が、統治された者たちに対する権威をもったった一つの政府から成るわけではない。連邦制とは、国家レベルの中央政府と、より小さな、通常は州のような地理的な単位とのあいだで権力を分けあう統治機構のことである。カナダにおける連邦制度のようないくつかの連邦制度は、国家政府により大きな権力を付与するし、合衆国におけるように州により大きな権力を付与する場合もあるが、中央権力と州権力は頻繁に重複しあう。概して、国家政府の権威とその憲法は通例、州政府とその憲法の権威よりも優先される。統治権力の分立は非常に複雑なものになる可能性があり、統治権力は連邦制度の広いさまざまな分割をこえて共有される。合衆国内部の州政府は、郡、市、区そして郡区のようなよりローカルな統治単位とその権力を共有するかもしれない。さまざまに異なる組み合わせが可能であり、異なる利害が開かれた交渉と共通性や協力の一般的な感覚を要請し、それによって立憲主義の危機、内戦、手詰まり状態、もしくは町で隣人がおたがいを憎みあうことが回避される。

連邦制における権力の分割にはかなりの実効性がありうる。合衆国では、新型コロナウイルス感染症のパンデミックのあいだに、政治的には民主党が多数派の州が、共和党の州よりもより厳格な鎮静政策をとった。この違いは、合衆国の各州が公衆衛生についての管轄権をもつために可能になった。二〇二二年の中間選挙の前に、共和党の州の立法府は、少数派の投票に対する障害になると考えられるような投票者の制限条例を可決した。そのような政党の違いは場当たり的な政府組織へと帰結し、それがさらに民主主義の理想を掘り崩してしまうことになる。連邦制と党派的政治の両方が示すのは、民主主義的な国民国家は国家的な政府によって完全に統合されると想定してはならないということだ。そうではなく、州とローカルな政府のあいだ、もしくはその内部での差異や不合意が、よりローカルな政府のあいだでの民主主義的な機構をつくりあげるのだ——内戦は別としてだが。

民主主義は国民国家内での統治の諸形態に制限されるものではない。国家間での関係もあるし、それぞれの政府に結びついた、社会の内部の諸機関も存在する。国家どうしのグローバルで民主主義的な関係は、二一世紀初頭の現在においていまだに手に届かない目標のままである。超大国が世界を、ときに不安定な緊張緩和《デタント》のうちに支配し、国によって権利や人間の福祉には極端な違いがある。外交プロセスが通商条約、共同の規制のプロジェクト、そして軍事同盟のような国際合意に結果した。外交交渉は絶えずおこなわれるものでもある。くわえて、民主主義国は新たに生じてくる可能性もある。全体としては、主権が民主主義国やその内部での単位にとってもっとも重要な特質である。主権は、ほかの政治的な単位のあいだにおける行動の自由をもたらす。この主権は個人でいえば自律性、つまり法が禁じないものは何であれおこないうる権利に相当する。(ここでは二重否定が必要になるが、それは通常は非合法のもののみが明示的に定義されるからである。)

民主主義への歴史的アプローチ

西洋による支配が、民主主義の西洋的な構想の支配に反映されてきた。一七世紀以来、西洋人は民主主義が古代ギリシャ・ローマの民主主義からの直系の、欧米の伝統において再発明されたと考えてきた。そのため、主導的な歴史的な説明はしばしば古代ギリシャ・ローマからはじまり、そしてまっすぐにマグナ・カルタとアメリカ独立革命、そしてフランス革命へと進んでいく。その結果、アジア、アフリカ、中東、そして原住民グループのなかでの非西洋的な民主主義の習慣は――その一部は国民国家内部の組織や地域でおこなわれたものではあるが――、しっかりとした学問的な注意を払われてこなかった。また、歴史的な説明は多くの場合、中世ヨーロッパでの機構や習慣の考察を割愛する。

ノーベル賞受賞者のアマルティア・センはこの度外視を、自由な公的な言説に比して、西洋が投票を重視してきたせいであるとした。センはまた、ヨーロッパ中心主義的な人種主義がそのような割愛の原因であると考える。見すごされてきた歴史上の民主主義的な習慣の多くは、広い選挙の習慣なしの、自由な公的討論と批判もしくは公的な判断を重視した。

民主主義の知的ならびに歴史的な構想を検討するにあたっては、民主主義の新たな構想と民主主義的な統治への変更がもつ内在的に破壊的な効果を認識することが非常に重要である。政府によって制定される新たな民主主義的な制度は、既存の身分階層と社会においてしっかりと確立された特権のヒエラルキーには矛盾する可能性が高い。哲学者のジャック・ランシエールは二〇〇七年出版の『民主主義への憎悪』で、民主主義的な要求の自発性は、民主主義が「あらゆる人たちの統治」であることを意味すると論じている。ランシエールは、その結果、社会と統治体制においてすでに権力の座にある、地位と身分をもった人たちは民主主義を憎悪すると主張している。

ある国民国家内で民主主義を拡張したい、もしくはそれをより包摂的《インクルーシヴ》にしたいと考えている人たちはふつう、公正《ジャスティス》という構想によって動機づけられている。公正の概念は、民主主義の概念と同様に、曖昧ではあるが普遍的に理解されている。公正の概念は民主主義の概念よりも抽象的で一般的であり、民主主義の構想の一部はほかの構想と比べて不公正にみえることがあるだろう。多くの人は、自分たちの公正の構想が何であるかを述べることができないかもしれない。それに対して、不公正はそれと名指すのがより簡単で名指される可能性が高い。直接の不法行為に対して抗議行動やデモが突然に噴出し、「公正が与えられるまでは和解はない」といったシュプレヒコールが叫ばれるかもしれない。公正の概念は、政府の役人によってなされた決定にしたがって、人びとが道徳的にふさわしいものを受け取ることを包含するが、それは統治のもとでの秩序もしくは秩序の回復を明確に意味するとはかぎらない。

この入門書では、私は歴史的な文脈と、現在の民主主義の現実や理想に関連の深い重要な思想やテーマとを結びつけることを目指していく。私たち、すなわち善意をもった人びと、人道主義者、進歩主義者、政治学の学者たちが、いま何を民主主義もしくは民主主義的であるとみなすかというテーマは、歴史的な文脈におかれた過去の思想と関係づけることができる。思想家たちが政治的な出来事に直接の影響を与えたこともあれば、出来事に思想家たちが影響を受けた場合もある。全体として影響はゆっくりとしたプロセスで、ある世紀の洞察はつぎの世紀、もしくはさらに後になるまで結実しないものである。歴史と思想との関係は複雑で、神秘的でさえある。しかしそれらをともに、つまり思想を歴史的文脈におき、政治的な時代区分をそれがともなう思想とともに考究することは自然である。思想とその時代の現実はともにあるのだから。しかしながら、私は歴史的な出来事を結びつけるために歴史的な物語を提示しようとしているわけではなく、民主主義をめぐる歴史的な思想を文脈づけたいのである。そこから結実するのは、古代世界から現代にまでいたる、民主主義の構想の歴史的に文脈づけられた、それも哲学的な視点から語られた物語になるはずだ。ふり返ってみると、この物語は思想と出来事とのつながりを示唆する、もしくは「もしXがなかったら、Yはかなり違うものになっていただろう」と言える可能性を示唆するものだ。たとえば、社会契約論がなければ、アメリカ独立革命とフランス革命は異なる論拠を必要としたであろう。またルソー、ベンサム、ミル、そしてマルクスの道徳改良の視点がなければ、統治の外側での社会における民主主義に向けた思想や運動は、それらが実際に起こったときに起こりはしなかったかもしれない。同じ理由で、民主主義的な組織の長期間にわたる累積的な効果について指摘するのに哲学者が必要なわけではない。たとえば、世界じゅうの民主主義的な熟議体は、近現代の国民国家における民主主義的な組織体の発達を助けてきた。

次章以降では、古代世界での民主主義（第2章）の後には中世・ルネサンス期における民主主義的組織体が検討される（第3章）。つづいて、初期近代の治国の主題として社会契約が検討される（第4章）。諸権利がアメリカ独立革命、フランス革命のあいだの重要な目標となった（第5章）。一九世紀の道徳進歩主義は、民主主義的な統治から民主主義的な社会への焦点の重要な移行となった（第6章）。第二次世界大戦期は民主主義についての二〇世紀の思想の多くの部分と、また新たな形態のアクティヴィズムに影響を与えた（第7章）。最後に、私たちは歴史と現在の出来事しか考察はできないものの、民主主義に対する現在の脅威のかたちが確かにわかっている。気候変動、パンデミック、そして非民主主義的なポピュリズムといった問題が、将来問われなければならないだろう（第8章）。

民主主義という広い主題は、アプローチの第一歩が示唆するよりは哲学的な見地からはより複雑なものである。その結果、分析は民主主義の精神やそのほとんど普遍的な魅力と比した際に、あまりにも無味乾燥なものに思えるかもしれない。しかし、本書を読み進めていくうちに、読者の心に政治的な楽観主義の火がともされていくことを希望している。たとえ人びとが、民主主義ではないものをそうだと間違って信じているときにさえも、民主主義には明確な精神がある。自分たちがいま民主主義だとみなしているものを保存することに情熱をかたむける人びとの子孫たちは、過去をふり返って首を振るかもしれない。しかし、彼らがそうするのは、自分たちが民主主義だとみなすものがはるかによりよく、はるかにより民主主義的だと考えるからなのだ。そして彼らが正しいことを、私たちは願っている。

第2章　古代世界の民主主義——ギリシャ、ローマ、そしてその後

　歴史の記録や政府の創設の前の狩猟採集集団は、労働と財産を共有していたがゆえに、民主的だったと推測する歴史家もいる。全員が生き残るためには、協力と、さらには利他主義が必要だっただろう。決定は投票や歓声でおこなわれたかもしれない。記録の残っていない歴史から残っている歴史へのつながりを知るよしはないが、そのような推測によって、私たちは国民国家よりも小さな単位における民主主義について考えさせられることになる。実際、記録に残った歴史は、国民国家よりもはるかに小さな政治的単位における民主主義の証拠を示しており、それがそれらの単位を包含する、もしくはそれらから学び取ったより大きな単位における民主主義を支持してきたのだ。私たちはまた、民主主義が拡散することを知っている。

図版2　オリンピック競技でのシキュオンのクレイステネス。

民主主義は、統治に発言権をもちたいと望む人びとから生まれると私たちは想像する。しかし皮肉なことに、古代アテナイの民主主義は貴族のあいだでの闘争から生じた。アテナイのクレイステネス（紀元前五七〇年ごろ～五〇八年ごろ）は、紀元前八世紀から政治において権勢を握ったアルクマイオーン家の子孫であった。クレイステネス（図版2）は彼の母方の祖父である、シキュオンの暴君クレイステネスにちなんで名づけられた。シキュオンのクレイステネスと、アテナイのクレイステネスの父方の祖父であるアルクマイオーンは、デルフォイの神託所を守る聖戦で共に戦った。勝利はピュティア競技大会の復興によって祝われ、そこでシキュオンのクレイステネスは紀元前五八二年の最初の戦車競走に勝利した。しかしながら、アルクマイオーン家はそれ以前にデルフォイの神託にもとづいて破門になっており、アテナイから二度追放されていた。アテナイのクレイステネスは、彼が四五歳くらいのときにアテナイに帰還することができ、記録によれば紀元前五二五年から五二四年まで、執政官長となった。

　紀元前五〇八年には、アテナイの貴族たちのあいだでは政治家で詩人のソロン（紀元前六三〇〜五六〇年）によって制定されていた改革について紛争があった。ソロンは、富者による支配を、農民と比較的小規模の土地所有者のみによる参加に変更していた。クレイステネスは平民の支持を集め、保守派の貴族には有利に働いていた、世襲の特権の原則を廃止することによって、さらに進んだ改革をなし遂げようとした。世襲に代わって、地理的な所属が市民権の要件となったのである。より多くの人びとが政治生活に参加できるため、イソノミア、すなわちあらゆる人間の平等な権利が宣言された。この、政治的な代表の基礎としての家系から土地への変更は、アテナイのクレイステネスに「民主主義の生みの親」という不滅の称号を与えることになった――西洋においては。だが、民主主義の起源は西洋に収まるものではまったくない。

　デモス、すなわち人民による支配を意味するギリシャ語のデモクラティア（δημοκρατία）という言葉は、最初はクレイステネスによって創設された、都市国家アテナイの直接参加民主制のことを指し、それは後にローマ共和国の偽代表制の政府を含むようになった。ギリシャとローマで民主主義が成功を勝ち取ったとき、それは、しばしば軍事行動の動機として、民主主義を認可し賛美する政治的レトリックをともなった。ギリシャ人は彼らのエレフテリア（ελευθερία）、すなわち自由を誇りに思ったし、ローマ人にはレス・プブリカ、すなわち「人民のもの〔公共事〕」があった。しかし、古代の民主主義の習慣的実践はアテナイやローマにかぎられたものではなく、ギリシャや世界のほかの場所全体に広がったものであった。それにしても、初期の民主主義とその広がりにもかかわらず、プラトン、アリストテレス、そしてキケロのような哲学者たちは人民による支配に対して懐疑的であった。いずれにせよ、これらの批判者たちは、後に現代の民主主義の構想の一部となるであろう統治や倫理をめぐる思想に貢献もしたのである。

アテナイとローマの外の民主主義

古代世界に非ヨーロッパの民主主義を見いだすことはときに、以前は民主主義的ではないと考えられてきた場所に民主主義の前例が存在したと主張する政治的なプロジェクトの一部であった。例としては、インドにおける独立闘争のあいだの民主主義的な運動や、中国のより近年の民主化運動がある。西洋文明の進展というヨーロッパ中心主義的な観点への抵抗は、西洋そのものの内部での多文化主義的な努力の一部でもあった。たとえば、マーティン・バナールの一九九一年の著作『黒いアテナ——古典文明のアフロ・アジア的ルーツ』は、アフリカ系アメリカ人、そしてアフリカのディアスポラによる黒人の歴史《ブラック・ヒストリー》の再生を支持するようなかたちで、古典ギリシャの文化的な達成をエジプトの影響に帰した。

歴史研究は、アッシリア、バビロニア、アナトリア、ペルシャ、そしてシュメールを含むメソポタミアに民主主義を見いだしてきた（アナトリアは現在のトルコ、ペルシャはイラン、アッシリア、バビロニア、シュメールはイラクである)。この統治の方式は、人民の会議による熟議を本体とし、それが王に影響を与えたり、ときには最終的な権威をもったりした。フェニキア(現在のレバノンとシリア)は、アテナイの民主主義以前に、ギリシャの各地に民主主義の革新の風を吹き込んだと考えられている。これらの地域における民主主義的な制度のすべてはおそらく、明示的な政治的イデオロギーではなく、通商の制度や必要を通じて広まっていった。古代イスラエル、北インド、そして中国の政治制度もまた民主主義的な要素をもっていたが、スパルタの政府もそうであった。この民主主義の潮流により細心の注目をすることで、古代の民主主義はアテナイとローマにかぎられたものではないと示されるべきだろう。

エジプトの粘土板に刻まれて保存されたアマルナ文書は、紀元前一三〇〇年にフェニキアの諸都市に対処することの困難を報告した外交記録である。エジプトと同じようにこれらの都市は君主制であったけれども、支配者の頭越しにエジプトのファラオと直接に交渉することを目指した長老会議や議会ももっていた。これらの影響力ある議会はより広い人民を代表し、すくなくとも紀元前一〇世紀までつづいた。ゲバル/ビュブロスや、ティルスのようなほかの都市の長老たちは、最終的に君主よりも力をもった。もともとはテュロスの植民地だったカルタゴは、毎年選ばれた執政官が長老会議の忠告にもとづいて統治することを要求する憲法をもっていた。カルタゴにはまた選挙、町民会、通商ギルドがあった。

ギリシャの歴史家のポリュビオス(紀元前二六四〜一四六年)は、ローマがカルタゴを征服できたのは、カルタゴの「政策が多くの人間によって熟議された」せいであると示唆した。アレクサンダー大王〔アレクサンドロス大王〕が紀元前三三三年にシドンを征服したとき、王は国民たちが望んだために降伏した。それに対しティルスでは、アレクサンダー大王の侵入を拒否したのは人民であり、それゆえ彼は都市を蹂躙することになった。ホメロスが『イーリアス』を書いたとき、そしておそらく紀元前一二世紀のトロイア戦争のあいだ、フェニキア人が影響力を揮った。ホメロスは王と同様に、長老の会議に触れている。アテナイが民主制となる前に、キオス、エリュトライ、カルキス、ナクソス、アルゴス、エリス、シラクサ、アクラガスの都市国家がフェニキア人と通商関係にありつつ、それら自体で民主主義的な習慣的実践をもっていたという考古学的な文献の証拠がある。アテナイはこれらの都市国家に囲まれ、交流があったため、その指導者たちがこれらの近隣の民主主義の習慣的実践によって影響を受けたと推測するのは大きな飛躍とはいえないだろう。

スパルタは誰あろうプラトンとアリストテレスによって、その自己規律、軍事的な勇猛果敢さ、そしてエリート階級にみられる、女性の教育も含めた平等主義のために称賛された。スパルタの支配・社会制度は、数世紀にわたって、民主主義者たち、軍国主義者たち、そして一九三〇年代には、その私有財産の廃棄のために、共産主義者たちによって自分たちのものだと主張されてきた。スパルタは政治理論家たちを混乱させる混成的な政体をもっていたが、早い時期、およそ紀元前七五〇〜六〇〇年くらいには、人民の集会の定期的な開催を明確におこなっていたゆえに、その政体は民主主義的だったと知られている。同時に、リュクルゴス〔紀元前八〇〇年ごろ生まれ〕の改革によって、スパルタの二家による世襲制の権力は、拡大する国民会議から「ゲローシア」、つまり元老院へと人民による選挙で代表が送りこまれることで抑制された。その後の一世紀にわたって、国民会議は元老院を支配するようになり、民選長官を選任するようになった。民選長官はまずは民事裁判において裁判官として機能し、それからスパルタ内部で行政官として機能し、同時に外交関係を司った。(アリストテレスは、スパルタは民主主義への傾向をカルタゴの影響で帯びるようになったと示唆したが、二〇一一年の『民主主義の隠された歴史』の共編者スティーヴン・ストックウェルは、フェニキア人がカルタゴ人とスパルタ人に民主主義をめぐる影響を与えた可能性のほうが高いと推論している。)

ギリシャとフェニキアの外にも民主主義的な議会は存在した。イスラエルとインドにおける民主主義の習慣的実践についての記録は宗教的な文書のなかに埋めこまれて、政治的な内容がみえにくくなっている。古代イスラエルにおける人民と神との契約という理念は、議会についての聖書のなかでの報告とあいまって、近現代の社会契約論の古代版であるようにみえる。そこでは、人民は支配者たちの権威よりも優先される合法的な権威をもっているのだ。(第4章で論じるように、近代の社会契約論は現在の立憲民主制の基礎である。)現代中国の学者たちは、古代中国の孔子の時代(紀元前一〇〇〇〜二五〇年ごろ)には、官僚たちの道徳的な期待の表現そのものが、それらの官僚たちは能力によって選別されたものであるとはいえ、民主主義的であったと考えている。

インドの仏教時代(紀元前六〇〇〜紀元二〇〇年)には、民主主義的な信念や習慣実践があった。政府は裕福な家族出身の軍事カーストによって支配されていたが、当時はカーストは厳密に線引きされておらず、新たに形成された集団が政治的な代表を要求することができた。『ヴィシュヌ・プラーナ』には、北インドのヴァッジ国は、紀元前六世紀から五世紀のあいだ、代表政府を備えた共和国の構造をもっていたと記録されている。ヴァッジ国の首都毘舎利〔ヴァイシャーリー〕の最初の王のナバーガは、人民の利益を増進するために退位し、「我はいまや、自由な耕作人であり、私の農地の王である」と言った。（毘舎利の遺跡は現在、インドのビハール州にある。）

アテナイとローマの民主主義

アテナイとローマの都市国家は、民主主義の本格的な発展で知られている。アテナイの民主制は直接民主制もしくは参加民主制であり、いっぽうでローマの民主制は共和制の部分的代表制の制度をもっていた。アテナイとローマの民主制は両方ともエリートによって支配されており、奴隷制が広く実践されていた。事実、民主主義的な統治と奴隷制の共存は国際的に一九世紀半ばまで消えることがなかった。古代ギリシャとローマは、記録に残った歴史のなかで五つ存在する奴隷に依存した経済体制（国民所得の一〇パーセント以上を奴隷の労働に負っている）のうちの二つである。そのほかの三つとは、ブラジル、カリブ諸国、そして合衆国南部だ。しかしながら、大規模な経済的な依存をこえて、奴隷制はしぶとく残っている。観測によると、今日の世界には一二〇〇万人から四五〇〇万人の奴隷がいるとされ、それは過去最大である。その多くは性的に搾取されたり、返済不可能に仕組まれた負債を負わされつづけている女性や子どもだ。

奴隷制は道徳的に悪であるという合意が現在では存在し、現代の諸国家はそれを禁止している。ところが、古代ギリシャやローマでは、奴隷制は道徳的に許容可能で、合法的に管理されていた。民主主義のいかなる構想が、奴隷制とかくも容易に共存しうるのか？　それは、人民が支配や統治に参加する方法、そして「人民」への参加権が、財産を所有した、もしくは従軍した成人男性の市民に制限されていたことと関係するだろう。外国人、女性、肉体労働者、それに加えて奴隷は「人民」の構成員ではなく、市民とはなりえなかったのである。奴隷はギリシャ語では、テトラポーダ（*tetrapoda*）すなわち四つ足の獣をもじって、アンドラポーダ（*andrapoda*）すなわち「人間の足を持った獣」と呼ばれた。ローマ法とその解釈の詳細な概観として六世紀半ばに編纂された『ユスティニアヌス法典〔勅法集〕』の第五部「地位について」には、「人格についての法の主要な分割は、あらゆる人間は自由人であるか、さもなくば奴隷だというものである」とある。

古代世界において、奴隷は一般的に軽蔑されていた。『ユスティニアヌス法典』の約八〇〇年前にアリストテレスは奴隷を肉体労働のみに適しており、そのほかの普遍的な理性の性質はもちえないと定義した。しかし、ギリシャとローマの両方で、奴隷は農業や鉱山業での労働者であるのに加えて、兵士、医師、教師、職工であった。奴隷に対する公式的な侮蔑表現は、継続する強制を正当化し、正当化が必要であると暗に考える人もいるような制度を正当化するためのステレオタイプを供給したのかもしれない。奴隷の反乱は、アテナイとローマの指導層にとってつねに憂慮の種であった。紀元前七二年の春には、トラキアの逃亡奴隷で剣闘士のスパルタクスは約五万人の軍勢を集結させた。彼らはローマ軍のさまざまな部隊との戦いに勝ったり負けたりしたが、最終的には打ち負かされた。将来の奴隷の反乱に対する脅しのために、ローマ人は六〇〇〇人以上のスパルタクス軍の兵士を、アッピア街道沿いで磔《はりつけ》にした。アテナイとローマの両方で、奴隷に対する恐怖と軽蔑は、社会・政治的な階層秩序の汲々とした保存に結びついた。

奴隷制と両立可能な民主主義の構想は、私たちの現代の構想とはなりえない。古代世界においては、民主主義はエリートのみのものであったが、そのエリートは、暴君だとみなしたさらに特権をもつエリートに対して圧力をかけていた。一般人民を含むような民主主義の制度は唾棄された。プラトンとアリストテレスは既存の、もしくは残存する不平等を決然と擁護したが、その不平等はとりわけ徳の高い人格と知的な能力、そしてギリシャの国籍、良い血筋、そして男性というジェンダーを含むものだった。プラトン（紀元前四二八〜三四八年ごろ）は『国家』で、民主主義と結びつけられる社会的平等をあざけった。民主主義的な社会では女性は男性と同等の存在になるだろうと指摘した後、彼はつづけてこう述べている。

このような国では、人間に飼われている動物たちまでもが、ほかの国とくらべてどれほど自由であることか、それは実際に経験したことのない者には、とても信じられないだろう。犬たちは、それこそまったく諺のとおりに、「女主人そっくりに」振る舞うようになるし、さらに馬たちや驢馬たちも同様で、きわめて自由にして威厳ある態度で道を歩く慣わしが身について、路上では、こちらからわきにのいてやらないと、出会う人ごとにぶつかってくるという有様なのだからね。そのほか万事につけてこのように、自由の精神に満たされることになるのだ。

アリストテレス（紀元前三八四〜三二二年）は『政治学』ではもうすこし繊細に議論をしていて、ポリスにおける貴族制、もしくは少数エリートによる支配のもとで、対等な貴族の支配者のあいだで指導者の地位が変化することを評価するような配慮があった。同時に、アリストテレスは普通直接民主制を、最悪の統治形態として提示した。すなわち、「寡頭政治が、生まれ、富そして教育によって特徴づけられるのに対して、民主主義の特質はその反対、つまり低い生まれ、貧困、卑しい職業であるようだ」と。

プラトンとアリストテレスの両者は、ソクラテスの裁判の経験から民主主義への偏見を抱いていた。プラトンの師であるソクラテスの死は、くじ引きで選ばれた五〇〇人の陪審員による、二八〇対二二〇という陪審評決にしたがったものであった。ソクラテスはアテナイの若者たちに、答えられないような専門的な哲学的疑問を問いかけることによって彼らを堕落させたことで裁判にかけられたが、彼は貴族の若者たちに熱心に信奉された。ソクラテスの死後、プラトンはアテナイでのみずからの政治的なキャリアを棄てた。アリストテレスはプラトンのアカデミーで学び、その後マケドニアに向かい、当時一三歳の少年だったアレクサンダー大王の教師となった。アリストテレスがアテナイに戻ったとき、反マケドニア感情のために彼は追訴されることになった。アリストテレスは裁判を受けるのではなく、「アテナイ人に、哲学に対する罪を二度重ねさせたくはない」という捨て台詞を残して逃亡した。

ローマの政治家マルクス・トゥッリウス・キケロ（紀元前一〇六〜四三年）は、アリストテレスとプラトンと同様に、さまざまなタイプの国家がその反対のものへと腐敗していくという、統治の循環説を信じていた。また彼は直接参加民主制に対して悲観的であり、『国家について』で「民主主義は、表面上は自由にもっとももつながりやすいようであるが、さまざまな市民のあいだの区別を認めることがなく、簡単に愚衆政治に陥る」と断言した。キケロは、君主制／暴政、貴族制／寡頭制、そして民主制／衆愚政治という三つの単純な統治のタイプのうち、民主制が最悪であると結論した。

古代世界の主要な政治理論家たちによるこのような民主主義の評価を理解するには、彼らが「民主主義」と呼んだものの構想は、エリートによる民主主義的支配（これを彼らは好んだのだが）でもなければ、代表制の統治（いまだ完全には発明されていなかった）でもなく、普通直接民主制であったということを思い出す必要がある。民主主義に反対したすべての人たちは同時に暴政に強く反対していたのであり、エリートのあいだだけに限定された民主主義の制度は、その立場と矛盾しないものだったのだ。

紀元前六世紀と七世紀には、アテナイの支配者は執政官であった。紀元前五九四年のソロンの改革は、自由な財産所有者たちの民会（エクレシア）への政治参加に帰結し、それらの人びとは市民となった。四つの部族からそれぞれ一〇〇人ずつ、計四〇〇名の構成員からなる議会のブーレ（立法議会）が政府として機能した。ペイシストラトスはこの政府を転覆し、暴政に置きかえた。しかし民主主義的な政府が回復され、その際にクレイステネスが改革を立案する任についたのである（紀元前五〇八～五〇七年）。彼は大規模な再組織化をおこない、それぞれ一五〇人から二五〇人で構成される一三九の市区（ディーム）をつくった。以前の四つの部族は一〇の新たな部族へと再編成され、一八歳以上のすべての男性の市民は登録されて政府に参加することが義務づけられた。それぞれの部族は、アテナイを司る五百人会議の議員としてくじ引きで五〇人を選ぶことができた。

　アテナイはこの民会による統治の形態を保持することになったが、主導的な貴族の諸家の力は弱まった。変化は民主主義的な原則の問題として生じたのではなく、「古き寡頭制支配者」として知られている誰か[3]の言葉を借りれば、ペルシャとの継続する戦争における海軍のために、操舵手、甲板長、次席航海士、船大工が必要とされたためであった。偉大なる雄弁家にして政治家のペリクレス（紀元前四九五～四二九年）は、彼が引き起こしたという説もあるペロポネソス戦争のあいだに民主主義を拡大した。ペロポネソス戦争での、紀元前四〇四年のスパルタの勝利は、一年間にわたる「三十人政権」による支配をもたらした。アテナイの民主主義は、紀元前三三八年のマケドニア王フィリッポス二世に対する敗北によってさらにつまずき、最終的にアテナイは共和制ローマ（古代ローマ共和国）に吸収されることになった。

　共和制ローマは、紀元前五〇九年のエトルリア人の君主国が打倒された後に成立した。それはレス・プブリカ（*rēspūblica*）と名づけられた。つまりローマの人民に属する「もの」という意味である。

現実には、それはセナートゥス・ポプルスクェ・ローマーヌス（ＳＰＱＲ：ローマの元老院と人民）であった。ローマ人民は、生まれつきか、帰化、または奴隷からの解放によって市民となった。生まれつきの住人のみが市民となれたアテナイと比較して、市民権はかなり拡大された。民会はフォルム（公会場）で開かれたため、民会はすべての市民を集合的に代表することになっていたにもかかわらず、――代表選挙はいまだ発明されていなかったので――都市の外側に住む者たちには参加が不可能だった。古代の部族、軍隊、一般人民から出てきたローカルな集団で構成された四つの民会もしくは公会議、そしてすべての市民が出席できる民会があった。しかしながら、これらの民会は、貴族のメンバーで構成された元老院ほどの権力はもっていなかった。民会は最高責任者である二人の執政官（コンスル）を選び、執政官は共同で一年間務め、そのつぎの年には就任はできなかった。この政治制度は多くの内部抗争や権力争いに耐えた。紀元前四四年にユリウス・カエサルが暗殺されてすぐに、ローマは帝国となり、皇帝が世襲することになった。

アテナイとローマの両者の統治機構、そしてまたそれより前の民主主義的な支配の形態は、内的な競争と外的な圧力の両者の結果として生まれ、変化していった。政府のなかでの権力の分立という民主主義的な理念は、古代世界では明示的に定式化はされていなかったけれども、たとえばフェニキアの長老と王、アテナイの元老会と民会、そしてローマの民会、元老院、そして執政官という配置のように、権力を分有するために開発された分立制度のうちに、それはすでに存在していた。このように、古代世界の民主主義の構想には、少数者のうちの一人の権威に集中する絶対支配をはばむように作用する権力の分立を備えた政府も含まれていた。しかし、住人の大多数、つまり社会へと民主主義的な参加を拡張することなしに、政府は自己完結的に民主主義的になりえたのである。

古代の批判者による民主主義的な革新

プラトン、アリストテレス、キケロは、普通参加の民主主義には反対したけれども、後代の民主主義的な政治理論に重要な貢献をはたすような統治と人間性についての理論を提示した。プラトンとアリストテレスの二人は宗教や習慣とは独立した、善悪を判断する基準と習慣実践としての倫理を発明したし、キケロは近代において反復されて実践に移されることになる政治の原理を導入した。

ソクラテスはプラトンの発想の源となった師であり、彼の多くの対話篇のなかの主要登場人物である。対話篇『エウテュプロン』では、ソクラテスはみずからの裁判に向かおうとしている。彼は、自分自身の父を追訴する司祭であるエウテュプロンに出会う。エウテュプロンは、自分の行動は宗教を根拠にしていると確信しているが、ソクラテスはつぎのような趣旨のジレンマによって彼を当惑させる――道徳的に善である行動は、神々がそれを愛するから善であるのか、それともそれがすでに善であるから神々はそれを愛するのか？　最初の推論は恣意的である。なぜなら古代において神々は仲違いをしており、今日においては異なる宗教が存在するからだ。第二の推論が含意するのは、神々もしくは神が愛するものとは関係のない基準が存在し、私たちはその基準に直接に、つまり神々、神、宗教なしで到達できるということである。このように仕組まれたジレンマは道徳を宗教から切りはなし、道徳的に善であるもしくは正しいものとして提示されたいかなる政治制度に対しても、さまざまな含意をもつ。それは教会と国家の分離という、そしてそれと同時に、宗教的に中立あるいは完全に世俗的な政府という近現代の思想の基礎である。

『国家』でプラトンは、賢さと経験の両者を兼ね備え、支配する者たちに対する配慮に心を砕くような、社会のうちでも最善の人間による支配を擁護した。彼は、医師や船長になぞらえて、専門化された政治の支配階級が必要であると主張した。支配者の専門性と知識というプラトンの思想は、今日でも、政府の役につく人たちは証拠と科学にもとづいて決定をおこなわなければならないという思想に息づいている。統治される者たちに対する配慮という彼の思想は、公的サーヴィスへの献身という民主主義の理想のうちに残存している。専門家による支配と公的サーヴィスの両者は、政治的な専門職階級の必要性を示唆するが、それは社会のなかの誰によっても支配されうることや、富と余暇をもつ者のみによって支配されることとは異質である。

アリストテレスは『政治学』で、人間は「本性において」政治的動物だと主張している。人間は通常は政治的なのだが、というのは通常の人間は、それ自体は自然による創造物である国家の内にいるからである。国家をもたない人間は悪であるか、そうでなければ人間を超えた存在である。『ニコマコス倫理学』のなかでアリストテレスは、生まれのよい者たちが幸福な人生を送ることを可能にするような、人格の徳もしくは特性について説明している。徳は、自然によって決定されているのでなければ、自然によって除外されているのでもない。寛容性や雅量を強調する勇気や節制を含むアリストテレスによる徳の説明は、特権的な貴族の徳を説明したものである――女性、子ども、奴隷、ひどい困窮状態にある者、醜かったり貧しかったりする者は、徳をもつことができないのだ。しかしながら、アリストテレスの主張とは反対に、人格の徳を獲得する実践は、原則においては包摂的《インクルーシヴ》なものである。というのも、理性が有徳であることを可能にするのであり、理性は現在人間性、才能、能力について知られていることにしたがう、普遍的なものだからだ。

人は徳を、まずはそれが何であるかを知り、それをその徳が必要とされるとその人が認識する現実生活上の機会において実践することによって獲得する。徳の開発は、実践的な判断と、適切な行動へと結びつく実践的な推論の使用を必要とする。この過程は累積的なものだ。たとえば、人が勇気をもつには、勇気をもつという決意をし、そのために勇気のある行動をすると決定して実行する必要がある。時間の経過とともに、その人は勇気ある行動をおこなうという性向からそれをおこなうようになるのだが、それは過去においてその人がそれをおこなったという実績があるからだ。アリストテレスの心理的な技法は、民主主義的な平等への重要な貢献なのだが、それはあらゆる理性的な人間はそれを自分たちが徳として受け容れる、もしくは徳として創造するものへと応用できるからだ。

アリストテレスによれば市民としての参加は徳であり、その結果、倫理は政治へと舞い戻ることになる。アリストテレスはまた自由（エレウテリア *eleutheria*）の重要性に気づいており、「人間は自分の好きなように生きるべきだ」（奴隷でないかぎりは）と述べた。彼はこのような種類の自由を、民主主義の「人間は可能ならば誰にも支配されるべきではないという主張」と結びつけた。しかしアリストテレスはまた、それが不可能な場合は、その代替案は、支配し、返す刀で支配されることであると述べ、それを彼は統治の形態としての貴族制と結びつけた。自分の好きなように生き、そして支配をしあうことは現在、民主主義と結びつけられている。アリストテレスが貴族たち自身のあいだだけに限定した自由と市民の参加は、現代の民主主義の構想においてはより広い人びとに拡張されたのである。

キケロは、人類の統一についてのコスモポリタンな見解を表明したことで有名である。『義務について』の冒頭でキケロは、「自然は……諸個人を結合させ、理性の力によって共通の言語と生活を共有することを可能にする」と書いている。キケロは高次の法〔道徳律〕の理念に頼って「人間の共同」の価値を支持したが、ただし彼は「制限なしで人類に共有された」水準とは別に、人種、国家、言語、住居、友情、そして家族にもとづいたより親密な結束が存在すると認めていた。キケロは一般的に国家を、利得を期待して法に合意した人びとの集まりとして説明した。これは、後の社会契約論（第4章を参照）に先行する思想である。『法律について』でキケロは、政府は人民の権威を基礎とするのであって、したがって個々人の卓越性の追求を満たす義務があると主張した。キケロはまた倫理と法の独立を提案した。というのも、それぞれは個別に自然法と高次の法〔道徳律〕に由来するからである。このことが意味したのは、プラトンやアリストテレスと違って、キケロは社会と政府を明確に区別し、倫理が社会に、法が政府に属すると考えたということである。（この区別は、民主主義的な政府のもとで社会を民主化する現代の先進的な政治綱領を考えるうえで重要である〔第6章を参照〕。）キケロはまた私有財産を守る政府の義務を強調もした（『義務について』六頁〔第一巻、一一頁〕）。こういった原始民主主義的な調子にもかかわらず、アリストテレスと同様に、キケロは貴族に向かって、彼らがいかにして支配し、支配されるべきかを説いていたのである。

プラトン、アリストテレス、キケロのこれらの政治理論の思想は、彼らの具体的な政治的・社会的な状況における特権的な視点から生じた、普通参加民主主義への侮蔑的な評価を超えた一般性をもっていた。学識をもち仕事に専心する世俗的な政府の役人、市民の人格の結果として政府に参加する普遍的な理性的能力、人類の統一、そして統治される者たちに利益をもたらす義務を負った政府という概念――これらの理念はすべて、それ以降の歴史における民主主義の構想を特色づけることとなるという意味で、先見的で野心的なものであった。それ以降の思想の一部は、古典的な源泉に直接の影響を受けたが、理論家や活動家たちが民主主義の新たな構想を形成するにしたがって、そういった思想は古代世界の思想に似ているものであるとはいえ、それぞれの時代においてはオリジナルなものとして提示され、受容されることができた。

第3章　中世とルネサンス世界の民主主義

私たちがいま知っているようなかたちでのフェミニズムも民主主義も、中世に栄えることはなかった。しかし、歴史と映画はいまでもジャンヌ・ダルク（一四一二〜三一年）とエリザベス一世（一五三三〜一六〇三年）を、フェミニズム的な調子で称賛している。ジャンヌ・ダルク（図版3）は百年戦争のあいだにイングランド人に対抗するフランス軍を率いたが、男性のようないでたちをしているという風評を主な理由に処刑された。エリザベス女王は、求婚者を政治的な目的のためにもてあそんだが、イングランドの通商、軍事力、そして文学における隆盛を司った。現代のフェミニズム学者たちは、両者のキャリアを再評価している。

中世ヨーロッパには、国民国家的な民主主義政府組織と理想は存在しなかった。君主たちは神権に

Joan at the walls of Paris.

図版 3　《パリの城壁のジャンヌ・ダルク》（1860 年ごろ）。オルレアンの乙女としても知られているジャンヌ・ダルク（1412 年ごろ～31 年）は，1429 年にパリ包囲戦に参戦した。Gilbert A. A'Beckett, *The Comic History of England*, Volume I（London: Bradbury, Agnew, and Co.）より。

よって支配をし、奴隷制は大体において農奴に置きかえられたものの、それはいまだ法には反しておらず、広く実践されていた。（カトリック教会でさえも奴隷を所有していた。）しかし、その後より近代的な国民国家の一部となるであろう地域の全体に民主主義的な議会が存在し、マグナ・カルタ〔大憲章〕が一二一五年に制定された。カトリックの支配とプロテスタントによる宗教改革の両者は、個人の権利を肯定する神学と教理を生み出し、それは近現代の民主主義の諸要素となった。また、神学の文脈に端を発する民主主義の思想は、ルネサンス時代には世俗的なかたちで表現された。古典教養の復興は、民主主義的な社会と結びつけられたさまざまな自由なしでは可能にはならなかっただろう。ただし、そういった自由はもちろん、異端審問――地球が太陽の周りを回っているのであってその逆ではないと主張したことによる、ガレリオの自宅監禁を考えるだけでよい――によって制限されたが。

中世とルネサンス時代の民主主義の習慣実践

中世とルネサンス時代の民主主義の習慣実践は、抽象的な諸原理に広くもとづくものではなかった。そうではなく、それは対立する利害を解決するための具体的な交渉の結果であった。たとえば、封建制時代には、十分に発達した契約法はなかったものの合意契約がなされ、その結果、借地人は領主との取引における契約を満たすことができなければ科料を科せられ、また領主が契約不履行をした場合には（すくなくとも原則上は）忠誠を撤回しえたのである。

一二一五年六月一五日〔ユリウス暦〕のイングランドのマグナ・カルタは、もともとはジョン王によって、貴族の一団の数十年来の苦情に応じるために署名されたものである。問題となっていたのは王による徴税の命令と、第三回十字軍およびフランスとの戦争への従軍であった。この最初のマグナ・カルタはジョン王によってすぐに否認されたが、それは継続的に再発布・再確定され、ついには一七世紀後半に議会が政府の立法府としてしっかりと確立された。その過程において、マグナ・カルタはもともとそれを求めた貴族たちだけではなく、すべての国民に適用される一連の原理として解釈されるようになった。個人の自由と陪審による裁判、それに加えて共和国政府によって代表される「王国共同体(community of the realm)」は、マグナ・カルタの第三九条と第六一条で保証された。原則として、マグナ・カルタは君主を法の支配のもとにおき、市民の法的権利を是認したのである。

マグナ・カルタより前に、イングランドとヨーロッパでは支配者の権力への抑制が存在した。歴史家たちは、六世紀および七世紀のアングロ・サクソン王の諮問機関に、民主主義の先例を見いだしている。そして九世紀および一〇世紀には、土地所有者と聖職者を含む議会が発達した。一〇六六年のノルマン征服の後に、貴族と聖職者の両者はイングランド全体に通用する王の法を是認した。王は、それぞれの地方で封建制を是認した大司教、司教、大修道院長、男爵、伯爵からなる大評議会(Great Councils)を召集した。この代表制度はかならずしも調和的に機能はしなかった。王と聖職者とのあいだの不和は政府を機能不全に陥れる可能性があり、内的な対立は暴力的に鎮圧されることがありえた。一一七〇年に、カンタベリー大司教のトマス・ベケットが、教会の司法管轄権をめぐるへンリー二世との長きにわたる争いの後に、暗殺された。

中世ならびにルネサンス時代のヨーロッパ全体、つまりイングランドだけではなく北欧、フランス、ドイツ、イタリアに民主主義的な制度が持続もしくは発展した。北欧の住民議会は、英語に訳せば「もの（things）」となるような言葉で呼ばれていて、それはローマのレス・プブリカが「人民のもの」を意味していたことを彷彿とさせる。アイスランドの「アルシング」は立法と司法の権力によって構成されていた。それは毎年開会され、立法権をもつ下院の四八名の議員で構成された。新たな法が制定され、罰金や刑罰がおこなわれ、追放の再審理がなされた。アイスランドの四つの地域もまた地方議会を開き、アルシングで開かれる法廷をもっており、それもまたそれぞれの土地の農夫たちのなかから裁判官を任命した。

ヴァイキング時代（七八三〜一〇六六年）のデンマーク、ノルウェー、そしてスウェーデンでは、『シング」とは関係する氏族のメンバーの議会であり、彼らは紛争を解決し、「法を語る者」を通じて自分たちの利害を主張し、重要な行事やとりきめを荘厳にとりおこなうために召集された。これらの「シング」の内部での熟議は、その参加者以外に対してほとんど影響や効果はなかったものの、それらはローカルな議論にもとづく権力の共有の習慣実践であった。「シング」が存在する場所では、あるコミュニティの統治は、一人の人物がほかのあらゆる人に自分の望みを押しつけるという単純な問題ではなくなった。とはいえ、これらの「シング」は、すでに影響力をもち、裕福である個人や一族によって支配される傾向にあった。

一四世紀初期のフランスでは、パリ高等法院が、国全体に司法権をもっている王会から発展してできた。歴史的に君主政体から独立した明確に分かれた地方の高等法院が、一五世紀には全国的な水準で承認された。たとえば、一四四三年には、南フランスのラングドック・ルシヨン地方はトゥールーズ高等法院によって統治された。百年戦争（一三三七〜一四五三年）の後には、グルノーブル、ボルドー、ディジョン、そしてルーアンもまた高等法院を成立させ、一五〇〇年までにはフランスの一部となった。しかし、これらの高等法院の出現は国家権力の共有というよりは、フランス政府が中央集権化することの失敗を反映したものであった。地方の高等法院は、自分たち自身の利害を主張するためではなく、君主の利害に奉仕するために召集されたのである。

フランスの王室の権力の伸長は、一三〇〇年には、教会の官吏といくつかの都市からやってきた世俗的な領主や代表者で構成される全国議会に結実したが、その主要な目的は王のために資金を提供することであった。教皇ボニファティウス八世との争いの後、フィリップ四世（端麗王）（ナバラ王としてはフェリペ一世）は一三〇二年に聖職者、貴族、平民からなる三部会を召集したが、第三身分の平民については都市の代表しか選ばれず、地方を代表する者はいなかった。北欧の「シング」とは違って、フランスの中世の議会と代表の形式は、連邦制もしくは共和制の統治の民主主義的原則と後に呼ばれるようになるものにはもとづいていなかったとはいえ、議会の議員の外に拡張されるものであったことは確かである。ここでの対立は、北欧のように、議会は議会に集まった者たちの利益のための自発的な連合であるか、それともフランスにおけるように、より大きな権力のもとで、その権力に奉仕するかたちで強制的な代表がおこなわれるか、というものである。

スイスとイタリアの中世の民主主義制度は、国民国家が形成される前の、独立的なものであった。スイスの民主主義は八世紀に端を発して、多数決の公衆投票制度から着実に発展していった。州民集会（Landsgemeinde）は、とりわけ地方の諸州に広まった。一三世紀には、かつての刑罰の「血の法廷」による共同体的裁定は、より形式的な方式に取って代わられていた。一八四八年にスイスが連邦国家になった際に、中央政府が州民集会の権威に取って代わった。一九世紀のイタリア統一も同様に、かつての都市国家における自治の制度にもとづいたものだった。しかし、中世後期のあいだには、イタリアの都市国家の多くはそれぞれ独立した共和国であった。その住人は読み書きそろばんに長けており、通商、工芸、諸学芸に熟達していた。都市国家どうしの競争と戦争によって、一八六〇年までイタリアの中央集権化はさまたげられていた。

九六二年に、ドイツの王オットー一世が、神聖ローマ皇帝として戴冠した。一三世紀には、ドイツは神聖ローマ帝国のもっとも広大な領土となっていた。一六世紀までは、皇帝は最高位の貴族たちによって選ばれていたが、帝国そのものは決して中央集権化した連邦制になることはなかった。何百もの王国、公国、公爵領、伯爵領、領主司教領、そして「自由帝国都市」が、皇帝の封臣として名目上だけの忠誠の義務をはたし、一般的には独立した主権国として機能した。一八〇六年には、神聖ローマ帝国は正式に解体された。それにしても、その歴史的な初段階は、立憲主義的な法にしたがった明確な権力をもつ中央政府を備えた現代の連邦制に向かう、原始的な連邦主義の諸形態だった。ドイツ、オーストリア、フランス、イタリア、ベルギー、ルクセンブルク、スイス、そしてポーランドを包含した神聖ローマ帝国は、二〇世紀の欧州連合の原型であると考えられている。ヨーロッパの外側のアフリカ、メキシコ、そして中東にも、統治のための民主主義的制度は中世に存在した。その歴史の少なからぬ部分は、文字の記録がなかったために、最近になってようやく編纂された。たとえば、国際連合教育科学文化機関（ＵＮＥＳＣＯ）の無形文化遺産プロジェクトは、マンデン憲章として知られている一二三六年のクルカン・フーガ憲章のキュレーションをおこなった。それは西アフリカのマリ帝国の憲法であり、その目標はさまざまな社会集団のあいだの関係を安定と平和に向けて規制することであった。女性や奴隷が市民として包含され、すべての市民が平等な権利をもっていた。

同時代の報告によれば、メキシコのトラスカラ州では、すでに戦士として証しを立てていた一三世紀の議会の候補者たちは、群衆の攻撃にさらされた後に寺院に入り、そこで聖職者が彼らの法的ならびに道徳的な規律を教えたという。この、人民の権力のもとにおこなわれる二年間の教育では、断食、むち打ち、みずからおこなう瀉血がおこなわれた。近年の考古学的な証拠は、トラスカラ州には強力な指導者ぬきの集団的な社会があったことを示唆している。一〇〇名の議員が最終的な政治・軍事の決定をおこなったが、一般民衆が、メキシコ帝国の専制的な首都テノチティトランからの攻撃に耐える政府に影響をおよぼした。

現代のイスラーム研究者たちは、ムハンマドの死以降、新たな社会と統治の秩序が、七世紀の正統カリフ時代のあいだにウマイヤ朝において発展したと主張している。初期の部族主義にも民主主義的な習慣実践は存在したが、そのころには、政府は相談、合意、選挙、そして独立した推論という原理にもとづいた。すべての人間には諸権利や保護、法廷での公正な取り扱い、平等な機会、そしてそれに加えて財産権が認められた。クルアーン〔コーラン〕にしたがって、聖職者のあいだにはいかなる階層も存在せず、宗教的な自由が信奉された。こういった政治的原理には祈禱と断食という宗教的義務がともなわれたものの、実際的な社会の観点では、その原理は包摂的《インクルーシヴ》なものでもあった。同じ自由は貧者、奴隷、そして非イスラーム教の少数派コミュニティの成員へと拡張された。支配者は集団的に選挙で選ばれ、女性も投票した。

中世とルネサンス期の民主主義思想

そのはじまりから、キリスト教は平等を約束していたが、それは魂における平等もしくは来世における平等であった。いまここにおける実際の物質的生は除外されたのだ。ヒッポの聖アウグスティヌス（三五四～四三〇年）は、神のもとの平等を宗教的な原則とし、天国を実存の場所（とはいえ死後の場所だが）とすることによって、現実の不平等を解消しようと試みた。『告白』（四〇〇年ごろ）でアウグスティヌスは聖パウロのひそみにならってキリスト教的な精神＝魂を物質的な身体から切りはなし、道徳性と神との合一を前者のみのためのものとした。『神の国』（四一三～二六年ごろ）でアウグスティヌスは、神は人間の奴隷も専制も許容はしないと主張したが、富における大きな不平等については問題にしなかった。（やはり教父であった聖アンブロシウス〔三四〇～九七年〕は、「共有《コモン》」となるべきものもあるゆえに、私有財産に制限を加えることを唱道した。）アウグスティヌスはまた、奴隷は罪を犯した者に対する正当な罰である、もしくは戦争の勝者によって殺されることの代替の道であるとも述べた。（この正当な戦争の議論は、一七世紀のジョン・ロックによる奴隷制の正当化の中心的な論拠となる――これについては第4章を参照。）

一三世紀には、尊敬された神学者で学者の聖トマス・アクィナス（一二二五～七四年）が、奴隷は食事や結婚を含む自分たちの私的な生活に対する自律をもっているのだから、すでに自由なのだと巧妙に論じた（『神学大全』第二部問二、一二六五～七四年）。アクィナスがどのような形態の奴隷制を念頭においていたのかは、ふつう奴隷が何を食べ、誰と共に生殖をするかは奴隷所有者が支配していたので、あきらかではない。しかし、平等な自由と奴隷制を和解させようとしたキリスト教の試みは、普遍的な人間の平等が存在するもしくは存在すべきであるという、もしくはすくなくとも奴隷制は間違っているという想定を含意したのである。普遍的な人間の平等の観念が最初に公言されたのは一九四八年の国連の世界人権宣言になってようやくのことであり、それは世俗的な公式であった（附録を参照）。

中世の民主主義的な政治思想は、宗教と密接な関係をもっている。八世紀後半から九世紀初期の、カール大帝の宮廷におけるカロリング・ルネサンスのあいだ、ラバヌス・マウルス・マグネンティウス（七八〇～八五六年）、オルレアンのヨナス（七八〇～八四二年）、そしてランス大司教ヒンクマール（八〇六～八八二年）は、公正な王の支配と不公正な暴政とのあいだの違いについて書いた。彼らは、王は宗教の官吏として、聖職者の指示を受けなければならないと主張した。王は、伝統、王の勅命、そして人民の同意によってつくられる法にしたがって、公正であらねばならなかった。人民の同意なしで法にしたがわない行動を取った王は、退位させられる可能性があった。

カトリックの教義とプロテスタント改革の新たな思想が、後に民主主義的な国家の政府の抽象的な理論となるであろうものに貢献した。一三世紀には、聖トマス・アクィナスが、支配者は選挙で選ばれるべきであり、もし不公正であれば排除されうると書き、それによって人民に究極的な政治権力があり、支配者と支配される者とのあいだに契約があることを含意した。教会はその権力を世俗政府よりも優越したものだと主張した。教会のなかでは、封建貴族が教会の政策を実行し、また地方の代表も存在した。神学者のなかには、教会の内部に民主主義があるべきと論じる者もいた。パドヴァのマルシリウスは、教皇を含んだあらゆる君主は、主権としての人民を代表するものだと主張した。マルシリウスは『平和の擁護者』で、人民は代表議会の議員に投票する権利があると主張した。教皇領の司教総代理に任命されたニコラウス・クザーヌスは、教皇を選ぶにあたって民主主義的な方法を提案した。ニコラウスの提案は教会には受け容れられなかったが、後に、有権者が指導者をランク付けする、もしくは選好を投票することを許し、一人の勝者を選び出す「ボルダ得点」としてさまざまな組織で使われるようになった。

中世のカトリックの学者の一部は、教会の神学者の教義に異を唱えた。オッカムのウィリアムはアクィナスの自然法への依拠に反対したのだが、それは神の自由と万能という聖書の思想に矛盾するものだったからだ。（つまり、もし神が完全に自由であるのなら、彼は自然法に従属することもありえないからだ。）彼は一三三三年ごろに出版した『九〇日の業』で、人類の堕落の前には共同の所有や利用は正当化されたけれども、堕落の後には私有財産の合意が生まれ、それを尊重することが道徳的に正しいものになったからだと論じて、私有財産を支持した。（私有財産という主題は一七世紀と一八世紀の社会契約論、そしてアメリカ合衆国の憲法の起草で重要な役割をはたすことになる［これについては第4章と第5章で論じる］。）オッカムはまた、制限のない教皇権力にも反対し、市民の自由を擁護した。

プロテスタント主義は教皇権力に真っ向から対立した。マルティン・ルター（一四八三〜一五四六年）は世俗的な政治権力の重要性を強調した。カルヴァン派の聖職者たち自身、選挙で選ばれた。フランスのプロテスタント派の法律家フランソワ・オトマン（一五二四〜九〇年）は、『フランコ・ガリア』（一五七三年）で、フランスの三部会を参照しつつ、代表政府と選挙で選ばれた君主を歴史的に擁護した。プロテスタント主義は一般的に、おそらく近現代の政治の個人の権利に対する強調に先立つかたちで、司祭や聖職者といった仲介者なしで、個人の神との直接の関係の重要性を強調した。君主と臣民とのあいだでの宗教信条の違いのため、カトリック教徒はプロテスタントの君主への従属を制限したし、プロテスタント教徒はカトリック君主に反対して人民主権を強調した。

最後に、ニッコロ・マキァヴェッリ（一四六九〜一五二七年）は『君主論』（一五一三年）での権謀術数のすすめのために悪名高いものの、『ローマ史論』〔邦訳は『ディスコルシ──「ローマ史」論』〕（一五三一年に死後出版）では共和主義のゆるぎない擁護者であり、彼は概してキリスト教に対して批判的であった。ローマ共和国を参照しつつ、彼は国家の偉大さは市民の美徳に依存し、市民の力、能力、市民的な徳によって構成されるものだと論じた。マキァヴェッリは、非常事態においては独裁政治が必要かもしれないと警告しつつ、政府への市民の参加はその安定性のために必要だと主張した。

これらの民主主義の先行者の重要性

中世とルネサンス時代には、民主主義の伝統を維持し、進展させるのに十分なほどの、民主主義の実践と思想が存在した。たとえば、キケロからルネサンスまでたどることのできる、市民と政府とのあいだの契約もしくは盟約の思想は、政府の説明義務という思想を準備した。統治された者たちに対して政府は責任を負うべしという実効的な要求は、初期近代と近代における歴史的な出来事と民主主義の構想において非常に重要になった。この政府の官吏の説明責任は、官吏たちに何ができ、何ができないかを定める国家憲法が存在するようになるまでは完成しなかった。だが、そういった民主主義的な国家の制度は、中世とルネサンス世界から引き継がれた民主主義の伝統によるものだったのだ。

地域的な水準での民主主義的な制度と、国家水準の民主主義の出現との関係は、具体的な歴史を通じて研究することができる。より抽象的な水準では、民主主義の理論家たちは最近「配列をめぐる論争」〔民主主義が先か、国家が先かという論争〕をおこなってきたのだが、それは勃興期の国家と同時に、歴史的な理解にとって特別な含意をもつものであった。論争の一陣営は、国家は、それが民主主義国家として機能できる前に存在しなければならない。もう一方の陣営は民主主義的な諸制度が、国家規模の民主主義に先行し、それを促進したと主張する。たとえば、デンマークの政治学者ホルヘ・ミュラーは、ロシアとそのほかのヨーロッパ諸国のあいだの、近代の民主主義制度の対照性は、たとえば議会や集会のような、地方の強力な民主主義制度の有無に関係すると論じた。ミュラーは、非人格的な官僚政府と個人的な後援や養子縁組関係にもとづく家産制の統治という、マックス・ヴェーバーの対立に依拠した。イングランド、フランス、スペイン、そのほかのヨーロッパ諸国が民主主義化したとき、そのプロセスは、支配者を非個人的に法を通じて説明責任のある状態におく議会や集会の伝統によって可能にされた。しかし、ロシアでは、地方組織をつくりあげようとするツァーリによる努力にもかかわらず、議会や地方の集会に対する現実的な説明責任の伝統は存在しなかった。そのような先行する制度化された説明責任の伝統がないなかでは、後に説明責任が出現することはなかったし、民主主義も現れなかった。

中世に広まった地方レベルでの民主主義的な制度は、おそらくスイス以外ではそれが結合されて国民国家の民主主義になることはなかった。民主主義的な国家政府の形成には民主主義的制度の歴史もしくは伝統が必要であろうが、それらだけでは十分ではない。というのも、民主主義制度そのものが挫折することがあるし、民主主義的な制度を備えたすべての地方が民主主義的な国家になったり、その一部分を構成したりするわけではないからだ。また、新たな民主主義的な国家が生じる、もしくは既存の国家が民主主義的になる前に、何世紀にもわたる地方の習慣実践が必要だという結論は、いかにも煩わしい感じがする。そのような民主主義の歴史を「文化」として記述し、一部の文化はほかの文化よりも、民主主義を育てるためのより肥沃な土壌であると論じたくなる誘惑は強い。しかし、さまざまな文化も、政府と同じように、変化してより民主主義的になったり、逆にそうではなくなったりする可能性がある。

議員が高位の権力に奉仕するために召集された強制的な議会と、議員たちに奉仕する自由意志にもとづく議会とのあいだの差異は、ある民主主義的な制度がどれだけ「民主主義的」であったか、またはあるかを評価するために、重要である。代表する行為だけでは、必ずしも政治的権力をともなうものとはならない。これは中世フランスであきらかであり、あらゆる場所での現代の政治までつづいている。また、地方での囲いこまれ孤立した自治は、ある特定の単位のなかでの自律性は可能にするものの、その自律的な単位に影響をおよぼすようなより大きな政治的単位のうちで、民主主義的な影響を提供することはできない。政治的な単位は、個人と同じように、内面において自律的であることもあれば外部の単位とのやりとりにおいて自律的でもありうる。統治される者たちによる、統治への合意という民主主義の原則は、封建制のもとでさえもあきらかにみることができるが、国家規模の統治権力に対する本当の意味での抑制という考え方は一七世紀を待たねばならず、それが実現するのは一八世紀を待たねばならなかった。また、事後的にみればそうであったような民主主義の前例と、統治の理想や原則にもとづいた、意図的につくりあげられた民主主義とのあいだの区別をすることは重要である。民主主義の前例は、あらゆる伝統と同じように、人びとがなじみのあるものに愛着を覚え、変化を嫌うがゆえに残っていくのかもしれないし、そのいっぽうで計画的な意図は自律的なものである。民主主義の精神はコミットメントもしくは改めての確定を必要とするのだ。

二〇世紀と二一世紀には、アフリカ系アメリカ人の学者、ラテンアメリカの運動家、現代の政治評論家、そして文化人類学者たちが民主主義国における市民のための教育の重要性を強調してきた。この人びとは、古代世界に端を発して一八世紀と一九世紀に強調された、知識をもっている市民の擁護の伝統にしたがっていた。しかし、すでに読み書き能力のある人たちに政治参加を制限することと、読み書き能力を拡大することのあいだには違いがある。ヨーロッパ全体の読み書き能力は、中世時代のプロテスタント主義の成功とともに拡大した。一四三〇年代後半のヨハネス・グーテンベルクによる活版印刷の発明はドイツにおける読み書き能力の広まりを助け、それとともにプロテスタント主義、市民参加、そして女性の教育を助けた。さらに、中世期、そして古代世界のヨーロッパ外での民主主義的な制度の証拠は、そのような制度が将来には普遍的なものになりえたことを示唆している。

第4章　社会契約——統治される者たちの合意

　トマス・ホッブズの『リヴァイアサン』は、絶対君主制を支持した。彼はまた、あらゆることは「運動する物体」によって説明できると信じたことでよく知られているが、この唯物論的な見解は、神や魂は非物質であるのだから、多くの人たちを無神論的だと驚かせた。イギリスの国会議員たちは、ホッブズの思想に激怒し、彼が海外に逃亡した際には、彼の人形を焼いたくらいである。ホッブズはイングランドとヨーロッパの主要な知識人のすべてと知り合いで、彼らに尊敬されていた。だが、彼は数学を独学した後に、円を正方形にできると考えて馬鹿にされた。ホッブズはかように、哲学者としても人間としても、論争を呼ぶ人であった。それと比較すると、ロックの評判はもっと穏健なものであった。ルソーもまた極端な反応を引き起こす人だったけれども。この三人はみな、自分たちの思想が身の危険を招く可能性があるとわかった際に、賢明にも海外に逃れたのである。

一八世紀の初頭には、社会契約の思想が民主主義的な国家の統治の近代的な構想の核として受け容れられた。トマス・ホッブズ、ジョン・ロック、そしてジャン＝ジャック・ルソーは、自分たちの政治哲学を「民主主義的」と呼ぶことはなかったけれども、近代の社会契約論を創始した。既存の統治の形態を分析した古代と中世の政治理論家たちとは違って、この三人はみな、いまだに存在していなかった統治の形態を、それぞれの歴史的な状況に直接に関係するような方法で定義し正当化したのである。それは、政治理論のなかに政治運動の音色がおおいかくされていることにおいて衝撃的なものである。最初、社会契約は、自分たちの政府を樹立する、人民のあいだでの合意として構想されたものだったが、時間がたつにつれて、人民と政府とのあいだの合意のことを指すようになった。

社会契約論を駆動する洞察は、正当な統治は、統治される者たちの同意を必要とするというものだった。それが意味したのは、人民は、自分たちの利益について合理的に考え、統治なしでいるよりは統治があったほうが暮らしが良くなると信じたということだ。このように、社会契約の基礎にあったのは個人の自由と価値の理念であった――統治のない状態では、人民は統治への同意を認めようがそれを撤回しようが自由であり、人民は自分たちの生活を改善する権利があるのだが、それを統治は手助けしてくれるだろう。この原初的な自由の思想は自然法、つまり人類に対する神の法から引き出されたものである。神は世界に秩序を与え、そのなかにある人間も含むあらゆるものの性質を決定したのである。ホッブズは人間がおたがいに対して害をなす自由を強調した。ルソーは一七六二年の『社会契約論』の最初の文章で、「人間は生まれつき自由である」と宣言した。ロックはキリスト教神学者にしたがって、人間は神によって、神の似姿で創造されたとみた。（聖書はそれに対して明示的な論拠を与えている。すなわち、「私たちはみな、神の似姿で均しくつくられた」〔創世記一章二六節八〕と）。一八世紀には、個人の価値は世俗的な観点で主張しうるようになった。哲学者のイマニュエル・カントは、人間は、その主観的な意識がその生を価値あるものにしているのだから、人間には内在的な価値があると主張した。ただし、彼はまたキリスト教徒でもあったが。

歴史的文脈

中央集権的な民主主義政府は、国民国家の一部である。（論理的には、民主主義的な国家政府は、国民国家の存在を前提とする。）社会契約論の理論家たちは、その時代の激動の政治生活のさなかでものを書いており、彼らの念頭には国民国家の政府があった。社会契約論は統治の最善の形態についての新たな思想と、そもそも統治〔政府〕がいかにして生じたかについての物語の両方を提示するものであった。

ウェストファリア条約は、混乱に満ちた宗教戦争の時代、とりわけ、（ほとんどは病気と飢餓が原因とはいえ）中央ヨーロッパで四五〇万から八〇〇万人の死者を出した三十年戦争（一六一八〜四八年）の後に結ばれた。一六四八年のウェストファリア条約は、国民国家をめぐる合意を得た原則を通じて平和を維持することを目指した。すなわち、個々の国民国家は主権をもち、国民国家はおたがいの国境を尊重し、そして国民国家はそれ自身の国境の内部では自律的に自分たち自身を管理するという原則である。ウェストファリア条約に署名した国家の代表団が全員出席する会合はおこなわれなかった。順次署名をしていった批准国はフランス、スウェーデン、帝国代表者会議（ドイツ）、スペイン、教皇庁大使、そしてスイス連邦であった。イングランド、ポーランド、ロシア、そしてオスマン帝国は批准しなかったが、ウェストファリア条約は確実にヨーロッパ諸国という考え方そのものを確定させた。

イングランドがウェストファリア条約を批准しなかったのは、驚くべきことではない。というのも、一六四二年にはじまったピューリタン革命が、チャールズ一世の処刑、オリヴァー・クロムウェルの護国卿政治、そしてジェイムズ二世の追放といった事態をもたらしていたからである。騒擾の年月は、一六六五年の腺ペストと一年後のロンドン大火によってさらに悲惨さを増した。プロテスタント諸国とカトリック諸国とのあいだの国際的な対立と戦争が、国内での紛争に油を注いだ。イングランドは、ヘンリー八世が一五三四年にみずからをイングランド国教会の最高首長として以来、公式にプロテスタント国家であった。しかし、イングランド国内には激しい宗教的不和が存在し、それは、スコットランドに彼の聖書を強制しようともくろんだチャールズ一世のカトリックへの傾向に対する、プロテスタントによる激しい疑念によって動機づけられたものだった。王はアイルランドとスコットランドでの反乱を鎮圧するための資金を必要としたが、それはますます独立し、しかも武力を備えはじめていた国会によってのみ供給されうるものだった。

クロムウェルは議会軍の指揮官として頭角を現した。しかしプロテスタント派にも内部の分裂があった。たとえば、水平派〔レヴェラーズ〕は一六四〇年代のあいだに男性の財産所有者の選挙権を拡大しようという動きにおいて発言権を獲得していったが、クロムウェルはその指導者のうちのすくなくとも三人を処刑させた。水平派の政治運動は政治的な寛容を信奉したが、（自分たちが真の水平派だと主張した）真正水平派〔ディガーズ〕とは違って、彼らは財産の非自発的なコミュニティでの所有には賛成しなかった。イングランド内戦のこの時代は、強力な議会のある、制限されたプロテスタント派の君主制へと落ち着いていったが、その後、ウィリアム〔ウィレム〕とメアリが一六八九年に王と女王に即位した。宗教の闘争はもはや政治的暴力の動機とはならなくなったが、ただし政治的寛容はカトリックにおよぶものではなかった。

社会契約論

一七世紀イングランドを代表する社会契約論者のトマス・ホッブズ（一五八八〜一六七九年）とジョン・ロック（一六三二〜一七〇四年）は、彼らの時代の政治に直接にかかわっていた。ホッブズは、生涯のパトロンであったキャヴェンディッシュ家に合わせて王党派であった。ロックは隆盛していた非貴族による貴族政治のための代表政府を信奉し、イギリスの王室にプロテスタント支配を回復することになる一六八八年の名誉革命の正当化に直接かかわった。ジャン＝ジャック・ルソー（一七一二〜七八年）は、直接には政治にかかわっていなかった。彼の政治哲学へのアプローチは、統治の構造や統治のもとでの諸権利というよりは、社会が人間性を腐敗させているのを統治を利用していかに正すかということを中心とした。彼は小説家でもあり、人間の心理を研究した。

ホッブズは一六七二年の自伝で、一五八八年の自分の誕生が、スペイン無敵艦隊のイングランド沿岸への接近といかに一致していたかを語っている。彼は、「母はそのとき双子を産んだのです――私と恐怖という双子を」と書いた。ホッブズはオクスフォード大学で教育を受け、すぐに講師となり、後にキャヴェンディッシュ家の秘書となった。チャールズ二世がパリに亡命していた際に、ホッブズはときどき彼に数学を教えた。しかしホッブズは一貫した王党派ではなく、ときによってはトーリー党とホイッグ党の両者の怒りを焚きつけた。ホッブズは著作を通じてたゆまなく神を参照しつづけたとはいえ、キリストの魂も含めた存在するあらゆるものを運動する物体へと還元する彼の形而上学的唯物論は、無神論者としての評判に火をつけた。カトリック教会とオクスフォード大学の敵対者たちは彼の本を禁書・焚書にすることを望み、彼自身、無神論を禁ずる法案に応答して自分の論文を焼いた。議会はホッブズの人形を焼いたけれども、彼は老齢までテニスをし、愛の詩を書き、八四歳でラテン語の韻文自伝を出版した。

『リヴァイアサン』（一六五一年）では、ホッブズは圧倒的な、究極の権力としての君主という思想を提示した。だが彼は、神に与えられた権利による支配という王党派の思想とは袂を分かち、君主は支配される者たちの同意によって正当化されると主張した。君主の主要な義務は臣民を守ることであり、それができない君主を拒否する権利をホッブズは主張した。すなわち、「臣民は、もし君主が安全を与えてくれないと判断するなら、君主にしたがう義務はない」と。ホッブズが強力な政府による保護の必要を主張したのは、「自然状態」、つまり政府のない、もしくは政府以前の人間状況の記述を根拠とするものだった。

ほかの社会契約論者たちとともに、ホッブズは「自然状態」を、人間の歴史の初期の、ある文字どおりの時代と定義したり、ある種の政府〔統治〕を正当化するために使われる思考実験として提示したりした。自然状態にある生活の状況を説明するためには、人間性についてのひとつの仮説を例示する必要があった。ホッブズは、人間は生まれつき社会的な存在ではなく、人間の多様な欲求が共通善を排除すると考えた。人間は栄誉、競争、または恐怖を動機として団結するためにおたがいを求めるだけではない。ホッブズは自然状態を、恐怖そのものと同様に、戦争状態として記述し、そのなかではそれぞれの人間はほかのすべての人間に対して、全体で対立すると同様に一人ひとりに対して対立しているとした。最弱の者が最強の者を殺す可能性もあり、誰も安全ではない。暴力的な死の恐れがいたるところにあり、いつ先制攻撃を受けてもおかしくなかった。

第一の自然権は、普遍的理性にもとづいた自己保存の権利であった。人間のやりとりや交流の初歩的な理性的なとりきめとは、契約もしくは盟約であった。しかし片方の当事者が契約の自分の側の義務をはたしたとしても、自然状態においては、もう一方の当事者が取引における自分の義務をはたすと保証することはできない。生が「汚く、貧しく、野蛮で短い」ような、この一般的な自然状態を修正するために、「人間《メン》」もしくは人民はおたがいの合意でおたがいを傷つけあう自分たちの権力を手放し、すべての破壊的な力を君主の手にゆだねたとホッブズは推定した。ホッブズにとっての社会契約とは、自己保存のために力を使う、奪うことのできない天賦の自然権をリヴァイアサンにゆだねるという人民のあいだでの合意であった。かくして、社会契約とは、

通常人《エヴリマン》の通常人《エヴリマン》との誓約である。あたかもあらゆる人があらゆる人に対して、「私は自分自身を統治する権利をこの人間に、もしくはこの人間の集まりに、汝が汝の権利を彼に譲り与え、同じように彼のすべての行動を認可するという条件で、譲り与えると認可する」と言うかのように。

これは、人民と政府とのあいだの契約ではなかったということを認識するのが重要である。そうではなく、それはあらゆる人の個々の権力を君主に、これを限りに譲与することなのであり、君主はすべての契約を履行し、平和を守る権力をもつのである。

ホッブズはさらに進んで、そのような合法的な政府を、新聞、宗教、そしてそのなかで企業活動がおこなわれ、文化が発展する開化された社会のために必要な制度的な合意のすべてを含む、あらゆるものを支配するものとして記述した。君主から布告された法なしでは正義はありえず、第一の自然法、つまり平和の追求という法にしたがう方法はほかにはなかった。ホッブズは『リヴァイアサン』の大枠を『市民論』の第一版と第二版でつくりあげていたが、そこで彼は、理性は「自然に反する解体を、

自然に訪れうる最大の災いとしてもたらす」という格言を述べている。彼はまた、偉大な社会は「人間がおたがいに対してもつ相互的な善意ではなく、おたがいに対して抱く恐怖から」生じたと主張している。そしてさらに、この恐れは一時的なおびえではなく、「未来の悪の、ある予見」なのである。

この、先制的な暴力を引き起こす予見は、あらゆる力が相互に君主へと移譲されるときに、鎮められるだろう。つまり、ホッブズの主張する強力な統治によって提供される平和とは、安全の感情からくる心の平和を含んでいるのである。

しかし、リヴァイアサンの強力な権利には限界があり、強力な統治のもとであっても自然権が優勢となった。そのため、ホッブズは、自衛権や移動や人生の行事における自由の権利のような一定の権利は個人から奪われることはできないと主張した。全権をもった――いまの私たちなら「全体主義的」と呼ぶであろう――君主権を設定し、なおかつ個人の権利を主張するのは矛盾にみえるだろう。だが全権をもつ君主へのホッブズの動機は、個人の生命や自由に向けた欲望として理解することができる（図版4）。そして、ホッブズは正確にどれだけの自由が安全とひきかえにされるべきかについては明示的には関心を寄せなかったものの、ルソーとは違って、死刑宣告に抵抗すべきではないというところまではいかなかった。

ロックはチャールズ一世が一六四九年に処刑されたときには、有名校のウェストミンスター校で学んでいた。彼は、若いころには王党派への共感を抱いていたかもしれないが、父親はクロムウェル軍で戦った。オクスフォード大学を卒業した後、彼は後のシャフツベリ伯爵のアントニー・アシュリ

図版4　17世紀に印刷されたホッブズの『リヴァイアサン』。アブラハム・ボス画。通例は『リヴァイアサン』と呼ばれる，『リヴァイアサン，あるいは教会的および市民的なコモンウェルスの素材，形態，および権力』はトマス・ホッブズ（1588～1679年）によって書かれ，1651年に出版された（ラテン語改訂版，1668年）。

リ＝クーパー卿の、議会派の政治活動にかかわった。二人の関係は早い段階で、医学の学位をもっていたロックが、アシュリー＝クーパーの肝臓の腫瘍に銀のピペットを挿入するという、複雑で危険だが、最終的にうまくいった手術の監督をした際に確固たるものになっていた。ロックはアシュリー＝クーパーの担当医、秘書、そして政治的な代表者として、一六六八年から一六八三年のアシュリー＝クーパーの死まで仕えた。その期間のあいだに、アシュリー＝クーパーは商務・外国植民地庁大臣、そして両カロライナ州の領主を務めた。ロックはアシュリー＝クーパーと、奴隷制を認可した植民地憲法を共著したと考えられている。

ロックの『統治二論「第二論」』は、近現代の民主主義的統治のための、社会契約論の基礎文献として広く受け容れられている。ロックは政治的著作のなかで「契約」という言葉も「民主主義」という言葉も使わなかったものの、財産所有権の宗教的・道徳的な正当化と代表制による立法の主張は、彼自身の時代のイングランド名誉革命と同様に、アメリカ独立革命とフランス革命の民主主義の計画者たちに刺激を与えた。実際、ロックは、一六八九年にメアリがオランダから航海をして女王になった際に彼女のお伴をした。メアリ二世はジェイムズ二世の娘で、ジェイムズ二世は議会との不和と、イングランドにカトリシズムを、そしてまたフランスを受け容れたことで退位させられていた。新たな王と女王は共同統治をした。頑強なプロテスタントとして、オラニエ公ウィレム三世〔オレンジ公ウィリアム三世〕は高名なるプロテスタントたちに招かれて一六八八年にイングランドを侵略したが、彼は征服者として玉座につくことを望まず、メアリが玉座を共有することを主張した。

　ロックの『統治二論「第二論」』は最初、一六八九年に出版されたが、それに先行する二〇年のあいだに書かれ、その一部はシャフツベリ家の界隈で回し読みされていたと考えられている。ホッブズとは対照的に、ロックは自然状態の人間性について性善説を取っており、統治の主要な目的は「反自然的な崩壊」を押しとどめることではなく、私有財産の保護であった。それでも、ホッブズと同じように、もし政府が人民を守れなかったら反乱を起こす権利を人民に残した。本当の政治権力もしくは統治のないロック的な自然状態とは、神に創造された人間たちが「自然法」にしたがうような生の状態であった。自然法とは「それのみにしたがうすべての人類に、みなは平等で独立しているのだから、誰も別の人間の生命、健康、自由そして所有を害してはならないと教える」理性的な原則である。ただし、自由とは放縦ではない。というのも誰も、神の被造物として、自分自身を破壊する自由はないからである。

ロックによれば、自然状態でもかなりの協力と、さらには商業でさえも可能である。しかし、紛争解決のための中立性の不在と、外国の敵に対する強い保護が欠けているという不都合があった。ロックは、政府のなかには純然たる力を通じて生じるものもあるが、合法的な政府は統治される者たちの同意を必要とすると推論した。したがって、統治〔政府〕は自然状態にある人民によって合意されたものなのである。自然状態には何ら根本的な問題があるわけではなく、たんに不都合があるというだけなので、統治は自然状態における、私有財産を含んだ生活の肯定的な側面を保存することを意図された。しかし、ロックにとっての財産とはたんなる物質的な所有物ではなく、諸主体の生命と自由のことでもあり、それは自然状態が市民的統治によって完全なものにされた後にも諸主体が保持する天賦の権利なのだ。しかし物質的所有物としての私有財産は、もっとも重要なものなのである。

ロックは、人間はいかにして――政府〔統治〕が存在する前に――個人的に財産を所有するようになり、しかる後に政府がそれを守るようになったのかを問うた。彼の答えは、神が「すべての大地とその果実を」人間に共通《コモン》のものとして与えたけれども、神はまた人間に労働せよと命じた、というものであった。誰かが、狩猟、収集、もしくは農業によってこの大きな共有物《コモン》と自分の労働を混合するとき、その人は自分の労働を混合したものと、その物体の残りの部分の両方の正当な所有者となるのである。さらには、この労働を通じた変容は移行的なものであった。被雇用者の労働の果実は雇用者に属するのだ。ロックは書いている。

かくして、私の馬が食んだ草、召使いが刈った芝生、私がどこであれ、私が他者と権利を共有している場所で掘り出した鉱石は、誰による割り当てや同意もなしで、私の所有物《プロパティ》となる。それらのものをかつてそうであった共有《コモン》の状態から取り出した私の労働は、私の特性《プロパティ》をそれらに刻印するのであるから。

二〇世紀の哲学者ロバート・ノージックは、『アナーキー・国家・ユートピア』で、ロックの所有権の理論について意地悪に尋ねている。「もし私が一缶のトマトジュースを所有しており、その中身を海に流して、(測定できるように、放射性を帯びさせた)その分子が均等に海水とまざるようにすれば、私はそれをもって海を所有したといえるのだろうか、もしくは私は愚かにも私のトマトジュースを海に撒いただけなのだろうか?」と。また、つぎのように尋ねてもいいだろう。「もし私が、所有されていない土地の表面で労働をしたとして、私はどうやってその土地の鉱物や空の所有権を得るといえるのか?」と。

ロックは、自然状態において、貴重な物質を貨幣として、無駄を省くための価値の貯蔵体として使用することを是認した。ロックによる私的所有の正当化はまた、彼の時代に結びついたものとしてもみられてきた。なぜならそれは、村落の水準で歴史的に共有で使われていた土地が、裕福な大規模土地所有者によって利潤のために奪用された、囲い込み運動《エンクロージャー》を支持したからである。『統治二論「第二論」』を通じてずっとロックは、労働は、剰余を貨幣へと変換できるという条件において、「荒れ地《ウェイスト》」（つまり、労働を加えられていない土地）を開発し、それに価値を与える動機であったと主張した。この労働＝価値の議論は、アメリカの原住民が住んでいた土地の強奪を正当化するのにも使われえた。そういった原住民の一部は、ほかの部族は永続的な農業集落を形成していたけれども、イングランド人やヨーロッパ人のように継続的に土地に働きかけることがなかったからである。ロックは、「アメリカのインディアンたち」は通貨をもたなかったために土地に働きかける動機をもたなかったと考えた。これは完全に正しいとはいえなかった。アメリカの部族はワンパム、すなわち価値を内在させているとして交換したり保存されたりできる有用な物体を使っていたからである。彼らになかったのは代替可能な通貨であり、それを蓄積したいという強い欲望であった。（ロック自身は貨幣は最終的に抽象的な表記法のはじまりであり、原住民にはやはりそれがないと考えた。）

私有財産とは自分の力で取得されたものであるという考え方は、後の民主主義の経済的な構想にとって有用なものであると判明した。しかし、人生を通して労働しつづける多くの人びとはほとんど所有できず、多くを所有する人間は、まったく労働をしたことがないということがあるだろう。ロックは、被雇用者による労働の果実は雇い主に帰属すると考えたが、それは被雇用者の権利を度外視した見解である。また、土地の価値は完全に、それにどれだけの労働が費やされたかの結果であるという見解は、自然の美の価値や、汚されていない環境の人間の余暇にとっての必要性を度外視している。私たちの時代にあっては、気候変動をめぐる憂慮は土地の開発を減らすこと、そしてまた資源の採取を減らすことの必要性を浮き彫りにしている。

ロックは政治的な急進派ではなく、彼の統治への処方箋は継続する平和と安定、そして勤勉な者に与えられる繁栄を想定していた。しかし彼はまた、社会が破壊されれば政府〔統治〕は継続できないものの、たとえ政府〔統治〕が破壊されても社会は持続するだろうとも考えた。さらに、政府や君主が、人民の自然権を侵害することによって、もはや人民の利害を代表しないならば、反乱や革命は正当化された。そのような行動は社会を自然状態へと、すなわち戦争状態へと引き戻すだろう。というのも、支配者は殺してもよい危険な猛獣のようになってしまうからだ。彼は書いている。

立法者が人民の財産を取り上げたり、または破壊したりしようとする、もしくは彼らを恣意的な権力のもとでの奴隷に貶めようとするときにはいつでも、立法者たちは自分たち自身を人民との戦争状態においているのであり、人民はそれ以上のいかなる服従からも放免され、神があらゆる人間に与えたもうた、力と暴力からの共有の避難所へと向かうことを許されるのである……この信頼の不履行によって、立法者たちは人民が彼らの手にゆだねた権力を、まったく異なる目的のために手放してしまうのであり、その権力は、彼らの原初の自由を取り戻す権利をもつ人民へと移譲されるのである。

しかし、ロックの歴史的な文脈では、人民の財産を脅かしたのは立法者たちではなく、王たち、つまりチャールズ一世とジェイムズ二世であった。ロックの『統治二論「第一論」』はロバート・フィルマーの『家父長制君主論《パトリアーカ》』（一六八〇年）に反する、王の神授の絶対的な権力に反対する一連の長い議論であった。

ルソーの社会契約の思想は、統治〔政府〕の役割をともなう社会の本性についてのもともとの見解と均衡を取るものであった。ホッブズ、ロックそのほか多くとは違って、ルソーは、統治の問題に政治的な立場もしくは具体的な政治的目標からアプローチしなかったし、また学者でもなかった。そうではなく、彼は道徳と心理から出発した。それにしても、彼の社会契約の思想は、政治的な全体主義者およびラディカルな自由主義者の両方によって取り上げられた。

ルソーは一七一二年に、影響力の強い少数派の市民に支配された都市国家であった、カルヴァン主義のジュネーヴに生まれた。ルソーの母は彼が生まれて九日後に死去し、代々の家業である時計職人であった彼の父は、プルタルコスから感傷小説までを含む、多くの読書をさせながら育てた。彼の父は告訴を受けた後にジュネーヴを去り、ルソー自身も一六歳で去った。ルソーの後援者で愛人であり、ローマ・カトリックであったヴァランス夫人は、彼のカトリック教への改宗を差配し、彼に家庭教師の職を与えた。

ルソーは、音楽の新たな記譜法の開発も含め、広い関心をもっていた。彼はパリに移住し、洗濯婦のテレーズ・ルヴァスールと出会い、五人の子どもを設けたが、全員養子に出した。ルソーはまた、流行の文学界に加わり、フランス革命の前夜に『百科全書』に寄稿をした。一七五〇年に彼はディジョン・アカデミーの論文コンテストで受賞をした。コンテストの課題は、諸芸術や学問が、公的な道徳を高めたか、それとも堕落させたかというものだった。ルソーの『学問芸術論』は一等賞を獲得した。科学と芸術は個人と市民の道徳を腐敗させたというルソーの主張は、彼の社会・政治哲学、そして道徳心理学の基礎となった。それからルソーの創作活動は広がっていった。オペラ作品『村の占い師』を書き、それは一〇〇年以上にわたり上演された。また、そのメロディを称賛してイタリア音楽を推奨した。彼の小説『ジュリ、または新エロイーズ』〔邦訳は『新エロイーズ』〕と『エミール』は、パリから離れてより簡素な生活様式に入ってから書かれた。

『エミール』はパリとジュネーヴで発禁となった。なぜならそれは、是認された教義に逆らうような宗教観を表明したからである。一七六二年に出版された『社会契約論』もまた、彼がカトリックを放棄した後に市民権を取り戻していたジュネーヴで発禁となった。哲学者のデイヴィッド・ヒュームがジュネーヴ当局の迫害からルソーを救い、彼をイングランドへと連れていった。二人は、部分的にはヒュームの傲慢さのため、部分的にはルソーの被害妄想のために、約一年で物別れとなった。ルソーはこのころに『告白』の執筆をはじめ、『対話』〔邦訳は『ルソー、ジャン＝ジャックを裁く』〕や『孤独な散歩者の夢想』がそれにつづいた。ルソーは一七七八年に、おそらくは卒中で、ただし自殺の噂も残して死去した。そのころまでには、彼は世界的な名声を得ていた。ルソーの読者の多くは彼を自分自身の友人だとみなし、彼の小説を読んでいて大きな感情的カタルシスを感じたし、エミールが教育を受けた原則にしたがって子どもを育てようと努力する人たちもいた。ルソーははじめ、エルムノンヴィルの公園の島に埋葬されたが、一六年後にはパリのパンテオンに、フランス革命の偶像として再埋葬された。

『学問芸術論』、『エミール』、『社会契約論』、そして『孤独な散歩者の夢想』は生まれつきの人間を、自然状態において道徳的に善であるものとして描く。というのも、そのような人間は執着や野心、もしくはさらに言語さえもっていない、孤独で孤立した存在だからである。ルソーは、競争、そして不安が人間の諸関係の特徴であるという点でホッブズに同意した。しかしホッブズとは違って、ルソーはこの争いを鎮圧しようとはせず、その原因を特定してそれを修正しようとした。ルソーによると、人間の不幸の原因は人間関係であった。孤立した存在として、人間にはアムール・ド・ソワ(amour de soi)、すなわち直接の自己愛をもっているが、社会的な存在としては、彼はアムール・プロプル(amour-propre)、すなわち他者の見解にもとづく自己愛を通じた名声に関心をもっている。社会のなかの個人はアムール・プロプルによって動機づけられており、依存性や操作がすべての人間の社会関係を悩ませている。ルソーによると、社会なしで孤立しているなら、自然状態そのものとそれへの反映の理想は、彼が『孤独な散歩者の夢想』のなかで「存在の甘美な感情」と呼ぶものである。

こんな境地にあるとき、人は何を楽しんでいるのか。自分の外にあるものはまったく関係ない。自分の内なるもの、自分自身そのものだけで十分なのだ。この幸せな境地がつづく限り、自分が自分であることだけで神のように満足できるのだ。あらゆる雑多な感情から自由になったとき、それだけで穏やかに満ち足りた崇高な気持ちになれる。絶えず私たちを快楽に誘い、平穏を乱そうとする官能的な感覚、俗物的な感覚から自分を解き放つことができる人にとっては、自分の存在そのものが優しく大切なものになるのである。

エミールという架空の人物は、自分が生まれつき道徳的に善であると考え、家庭の外側の人たちとの関係を制御するのに大変な配慮をした教師によって育てられる。エミールの生きる喜びはそのようにして保存される。だが、ルソーは、社会の構成員のほとんどはすでに心理的・道徳的に腐敗していると気づいた。彼の民主主義的な統治の構想は、平等主義的な善意、公正、そしてその厳密な実施を通じてこの状況を修正するための方法を提供した。精選された市民の集団による立法府は、公正な法を直接に可決し、行政部を選任するだろう。法と（行政部による）その適用は一般意志、すなわちあらゆる人の善のための集合的な欲望を表現するだろう。法的な平等はアムール・プロプルの腐敗の原因となっている差異を最終的に消去するだろう。というのも、法はあらゆる市民に同じやり方で適用されるはずだからである。そのために、国家宗教と厳格な検閲が必要になる。スイス当局によってルソーが弾劾されたのは、国家によってどの宗教が選ばれるかについて彼がどうも無関心だったせいである。

ルソーは民衆的な形態の統治には賛成せず、最大量の人間の自由を支持するよう設計された形態の統治に賛成した。この自由の基礎にあるのは、殺されることがないという基本的権利である。しかし、社会契約は、もし一般意志がそれを要求するなら、個々の市民は殺されない権利を放棄する準備ができていなければならないと要求する。

さて、市民は、彼がそれに身を曝すよう法が要求する危機の審判ではなく、君主が「汝が死するのが、国家にとって好都合である」と言えば、彼は死ななければならない。

比較

ホッブズ、ロック、ルソーはみな、統治以前の、もしくは統治なき人間の状態を仮定し、その自然状態の彼らの記述は、それぞれにとって、具体的な統治の種類の提案の動機となるものだった。もしくは、彼らはすでに肩入れしている種類の統治から出発して、しかる後にそれを正当化するような自然状態を記述するために、それを「遡及的に発明」したのかもしれない。ホッブズは人間を戦争好きだと記述し、平和を守るための強い統治を擁護した。強い統治は彼の王党派のパトロンの利害を表現するものだった。ロックは、人間は生まれつき平和なものであると考え、個々の紛争を調停し、外部の敵からの防御を組織化するための便宜としての代表制の統治を擁護した。代表制の統治は、彼の議会のパトロンや仲間たちの利害に資するものであった。ルソーは、統治は、生まれつき善である人間に対して社会によって加えられた腐敗を正すことができると信じた。ルソーは、ジュネーヴに対する長年にわたる忠誠心と、帰還したいという欲望を抱いていたけれども、政治的というよりは道徳的に思考していて、彼が好んだ統治の形態は、そのカルヴァン主義の都市の既存の構造をモデルとしていた。

人間は生まれつき闘争状態にあると考えたホッブズと、人間は生まれつき平和であると考えたルソーの両者が全体主義的な統治を提案したというのは興味深い。彼らの差異は二人の社会観の帰結であり、ホッブズによれば人間性を反映し、ルソーによればそれを歪曲したものである。それゆえホッブズは人間性を制御できるくらいに強力な統治を提案し、それに対してルソーは社会を修正するであろう組織として統治／政府を定義した。二人とは対照的に、ロックは人間性と社会のどちらにも、何ら耐えがたい問題は見いださなかった。それが意味したのは、強力な修正的な統治の必要がないということだった。ロックの見解は、人間生活における統治の役割を最小化する民主主義の自由主義的な構想のうちに生き残っている。ホッブズは、いまでも緊急事態において、例外状況として引き合いに出せるような統治の「法と秩序」の構想を生み出した。ルソーの理論が全体主義を肯定する点は措くとしても、彼の統治の思想は、一九世紀以来、社会に平等を生み出す統治〔政府〕の役割を強調する進歩思想のうちに息づいている。

これら三つの主題のすべて、すなわち、場合によっては全体主義的な統治が必要であること（ホッブズ）、必要に応じて市民の利益を保護する最小限の統治という思想（ロック）、そして修正〔改革〕

のための統治の利用〔ルソー〕は、統治〔政府〕の形成、統治の改革、そして社会の問題を解決するための道具として統治の動機としてくり返し現れることになった。第5章から第8章では、それが具体的にどのように展開したかをみていく。

第5章　権利と革命──（排他的な）政治的平等

一七九三年に断頭台に向かっていたマリー・アントワネットは、国民がパンを食べられないと聞いて、「ケーキを食べればいいのに」と答えたとされる。だが、一七六五年出版の『告白』でジャン＝ジャック・ルソーは、この思いやりのない言葉の発言者であるとされる、当時は同時代人であったある高貴な女性についてこう述べている。「やがて私はある高貴な女性の不用意な発言を思い出した。彼女は、国民がパンを食べられないと知らされて、『ブリオッシュを食べればいいのに』と言ったのだ」と。マリー・アントワネットは一七六五年にはまだ九歳で、女王になったのは一七七四年、そして一九年後には断頭台に送られた。

アメリカ独立革命とフランス革命は現在の民主主義の基礎として広く称賛されている。それらはたしかに民主主義的な統治制度を設立したが、それらを今日の私たちが民主主義的と呼ぶことはないだろう。というのも、それらはすべての人民に政治的権利を拡張はせず、それらの社会観は平等を含むことはなかったからだ。両方の革命の後に広まった諸権利の理念と現実は、女性、奴隷、または貧しい自由人へと拡張されることはなかった。

二つの革命のイデオロギーは、社会契約論に依拠するものだった。つまり、アメリカの場合はロック、フランスの場合は(すくなくとも名前のうえでは)ルソーに依拠し、そして一般的には、ホッブズ的な不安定が、政府の暴力による転覆の動機として依拠された。フランス革命はまた、異なる段階において権力を握った者は誰であれ、全体主義的な支配ができるという点でホッブズ的であった。平等な政治的権利や社会における平等に向けた具体的な指示は社会契約論者の著作には不在であり、それらはこれらの革命のイデオロギーには不在であった。ホッブズ、ロック、ルソーはみな、「人民」が究極の政治的権利をもっていると信じた――人民は、自分たちへの義務を遂行しない政府に対して合法的に革命を起こすことができた。しかしこの三人は「人民」の広い、もしくは包括的な意味を共有していなかった。また彼らは権利一般の基礎について意見を異にしていた。ロックによれば諸権利は生まれつきのもの、もしくは神に与えられたものであり、政府が形成された後も消えることはないいっぽうで、ホッブズとルソーにとっては、権利は政府によって創造され守られるのである。

社会契約論者は、すでに政治的に組織化され、政府の役人や台頭する指導者によって代表されうる人民の主権と、自分たちの政府に参加するもしくは影響を与える人びとの直接の権利とのあいだに区別を設けなかった。合衆国憲法制定会議の立案者たちは、彼らが合衆国憲法を「私たち人民」という言葉ではじめる前に、各植民地からの州代表としての政治的立場をすでにもっていた。しかしフランス革命では、人民の政治的組織には安定性が少なく、その結果、多数の、変化する政党やクラブがおたがいに競争しあい、権力を得たり失ったりしていた。中道派のラファイエット侯爵、急進派のマクシミリアン・ロベスピエール、そして軍事独裁者のナポレオン・ボナパルトらのような、ばらばらの観点や目的をもった台頭する指導者たちは、自分は人民に代わって語っているのだと主張して権力を握った。しかし彼らは、たとえば選挙を通じて、正式に人民を代表することはなかった。

アメリカ独立革命とフランス革命を比較すると、母国に対して反乱をする植民地と、国内で政府に対して反乱する人民という重要な差異もある。政治的権利の基礎、革命指導者の背後にまえもって政治組織が存在する場合とそれが不在の場合、そして植民地革命と国内の革命といったすべての差異は、アメリカ独立革命とフランス革命の指導者たちの異なる主張、異なる革命の組織構造、そしてそこから帰結する異なる民主主義的政府という結果に結びついた。それぞれの革命はまた、明確に異なるイデオロギーを生み出した。

アメリカ独立革命

アメリカ独立革命は民主主義な国家の根本からの設立と、それにつづく、その神聖なる青写真としての憲法の瞬間として神話的に引き合いに出される。革命そのものは、イギリスですでにしっかり確立され、植民地全体で尊重されていた既存の民主主義的な原理や伝統によって正当化された。イギリスの文化と経済的な投資は植民地で支配的となっており、一九世紀を通してそれは継続することになった。革命はイデオロギー、軍事行動、そして国家と国民両者のための機構からなっており、それがアメリカの統治〔政府〕の構造と手続きを定めることになった。その結果生じた民主主義の構想は、民主主義的な政府のもとで特権をもった市民の権利を強調するものとなり、その権利はイギリスにおける諸権利を下敷きとするものだった。

アメリカの諸植民地は、創設された後には大体において、イギリス王の認可を得て自治をおこなっていたが、公式にはそれらを統治していたイギリス議会に正式の代表者を送っていたわけではなかった。諸植民地はイギリスに税を納めなければならなかったが、そのお金をどのように使うのかについて発言権がなかったのだ。植民地は通商の独占権のもとでイギリスの商品しか買うことができなかったが、かといって逆に母国に商品を売ることもできなかった。一七六五年の印紙税法が植民地の出版に課税をして、植民者たちがそれに抗議をした際には、彼らはイギリス人として自分たちの権利を主張した。パトリック・ヘンリーは、一七六五年のヴァージニア州印紙税法決議でつぎのように宣言した。

ジェイムズ一世王によって認可された二つの勅許によって、先述の植民者たちは、あたかもイングランドの地に永住し、生まれたかのように、住民と生まれつきの臣民のすべての自由、特権、免除権を保持することを宣言されるものであると決議する。

ジョン・アダムズはさらに踏み込んで、「イギリス人の権利は王や議会からではなく、神に由来するものであり、歴史、法、そして伝統の研究によって確保されるだろう」と書いている。

印紙税法は撤回されたが、さらなる抵抗が一七六七年のタウンゼンド法によって火をつけられた。タウンゼンド法は植民地議会を停止し、輸入品目に新たな関税を強制し、東インド会社に輸入に関して特別な地位を与え、イギリスの軍隊の駐留を許可した。イギリス軍はボストンに派兵され、一七七〇年のボストン虐殺事件を引き起こし、その後には一七七二年のガスピー号の植民者たちによる焼き討ち、そして一七七三年のボストン茶会事件がつづいた。イギリスはその後、ボストン湾を閉鎖し、マサチューセッツ湾植民地による自治政府を停止した。一七七四年には、パトリオット派が大陸会議で植民地軍を組織しはじめた。

アメリカの植民地政府はそれぞれ、州会議にその権力を移譲し、全国の大陸会議が、ジョージ三世に対抗するイングランド人としてのその構成員の権利を主張した。一七七六年七月二日に独立が宣言された。ジョージ・ワシントンに率いられた大陸軍がボストンを奪還し、サラトガでイギリス軍を捕虜にした。フランスが同盟軍として加わり、一七七八年以降活発に動いた。大陸軍とフランス軍の合同軍は一七八一年にヨークタウンで勝利し、一七八三年にパリ条約が締結された。フィラデルフィア

図版 5　1788 年――ジョージ・ワシントンの合衆国第一代大統領就任。出席しているのは（左から）アレクサンダー・ハミルトン，ロバート・R・リヴィングストン，ロジャー・シャーマン，オーティス氏，ジョン・アダムズ副大統領，フォン・シュトイベン卿，そしてヘンリー・ノックス将軍である。原画はアーリア・アンド・アイヴズ印刷工房による印刷。

憲法制定会議が合衆国憲法を起草し、それが一七八八年に各州に批准されるまでは、連合規約が全国政府を形づくった（図版5）。

合衆国憲法は戦争と平和、そして州間の通商に対する具体的な権限を全国政府に与える連邦制の統治を成立させた。この全国政府の権限は大統領、二院制の立法府、そして全国の司法庁へと分割された。投票や刑法を含む日常生活の規制に関する残りの権限は州のものとされた。

合衆国憲法の最初の一〇の修正条項は、表現の自由、集会の自由、出版の自由、宗教の政府の介入からの自由、法の手続きにおけるデュー・プロセス、そして政府による恣意的な接収から私有財産が自由であること、といった基本的な個人の権利を認めるものであった。合衆国政府は、当初は厳しく混乱した予算でやりくりしていたが、実際の結果としては西洋で最初の自由民主主義的な全国政府が設立され、しかもそれはいまのところもっとも長続きしているのである。

合衆国政府の設立はアメリカ独立革命のイデオロギー、イギリスの権利の歴史、そして植民地における政治組織を基礎としたものであった。アメリカ独立革命のイデオロギーは集団的ならびに個人の権利を強調し、「平等」と「自由」という語に力点をおくものであった。平等は、植民者たちの、公認のイングランドの権利に結びつけられるものだった。自由がしばしば意味したのは、代表者なしの課税からの政治的自由と、外的な軍事力や占領がないことを意味した。統治される者たちは政府〔統治〕に対する合意が必要であるという社会契約論の原則が、アメリカの植民地における諸事に対するイギリスの支配に反対して引き合いに出されたが、新たな合衆国においては、選挙権はある程度の財産所有を必要とした。独立宣言の後に、多くの州は独自の憲法を制定し、それらは合衆国憲法の諸要素に貢献した。州の代表者による、熟議を経て秩序だった合衆国憲法の制定が、すなわち全国の政府に対する連邦の合意となった。

一六四〇年代から一六八九年までのイングランドでの革命の時代（第4章を参照）の場合と同じく、アメリカ独立革命を先導した人びとはより大きな富と権力をもつ者たちとの平等を欲した。彼らの念頭にあったのはイギリスの領主や貴族だったのだが、それは平等が、比較的に特権的な地位をもつ革命指導者たちからしたたり落ちてくるということがなかったからである。それにしてもアメリカ人は、いかなる世襲の地位も、肩書きも、また公的役職ももつべきではないとされた。黒人の奴隷所有制はつづいており、奴隷は政治的代表者一人の五分の三人としてカウントされた。ネイティヴ・アメリカンの財産は、彼らの同意なしでパリ条約によって横領され、分配された。女性は投票できなかった。こういった排除は、何万人ものアフリカ系アメリカ人やネイティヴ・アメリカンによって軍事力を供給されていた独立革命への支持とは、対照的なものであった。女性たちは、家庭で一人でやっていくのであれ直接に戦争に参加するのであれ、医療もしくは家庭で貢献をなしたのであるが、それは無視された。また、男性の選挙権についても、すべての階級が戦争に参加したにもかかわらず、普通選挙ではなかった。実際、ジョン・アダムズは、第一代副大統領そして第二代大統領として奉職する前に、選挙権を広げることに明確に反対していた。一七七六年五月二六日に、マサチューセッツ州議会の議員であり、彼の友人であったジェイムズ・サリヴァンに宛てた手紙を、つぎのように結んだ。

> 請け合いますが、有権者の資格を変更しようという試みによって、論争と激論の豊かな源泉を開くことは危険であります。その論争に終わりはありますまい。つぎつぎに新たな主張がわきあがって参るでしょうから。女性が選挙権を求めるでしょう。一二歳から二一歳[4]の子どもたちも、自分たちの権利が十分に顧みられていないと考えるでしょうし、一ファージングさえ持たないあらゆる男が、国家のあらゆる法制についてほかのあらゆる男たちと同等の発言権を求めるでありましょう。あらゆる区別というものが混同されて破壊され、あらゆる階層がひとつの共通の平面へ

と均されていくでしょう。

メリーランド州、ヴァージニア州、デラウェア州、ニューヨーク州、そしてマサチューセッツ州の新たな州憲法においては、投票には財産の所有が必要であった。ニュージャージー州とニューハンプシャー州の財産所有の要件は低いものであった。ペンシルベニア州ではまったくなかったが、一七九〇年に設けられた。

フランス革命

一七八九年から一七九九年のフランス革命は混沌とした暴力的な過程を踏み、それが終わってしばらくたつまでは平和で、組織だって、統制のとれた政府へと落ち着くことはなかった。それはフランスの社会秩序をひっくり返し、フランス全体と外国に大きな苦しみを強いた。ヨーロッパ諸国は、フランスの執政政府が権力を握るまでは、関連するさまざまな戦争に引きずりこまれた。

フランス革命は、凶作に起因する高い失業率と食物の価格高騰への反応としての、社会的抗議や暴動ではじまった。それに応答して、一六一四年以来はじめて、ルイ一六世は三部会を召集した。六月には三部会が国民議会へとそれ自身を再編した後に、封建制と奴隷制が廃止され、そして政府がカトリック教会とその財産を管理した。選挙権は拡大したが、二五歳以上の納税者の男性のみであり、それは人口の約一五パーセントであった——彼らの毎年の納税額は、現地の基準で三労働日分の賃金に相当するものでなければならなかった。彼らは国民議会の議員を選ぶことのできる活動的な市民となったのである。

六月改革が社会的騒擾を鎮めることは、とりわけルイ一六世が国民議会をパリから移動しようと計画するにいたって、なかった。バスティーユは、パリを東方からの侵略から防衛するための中世の要塞であったものが、高水準の政治犯のための国事犯監獄になっていたものだった。その壁は一〇〇フィートの高さがあり、壕に囲まれ、八〇人の衛兵と三〇人のスイス傭兵に守られていた。バスティーユ監獄の守備隊長官のベルナール・ルネ・ジュールダン・ド・ロネーは襲撃を予期し、追加の二五〇樽の火薬と増援隊を一七八九年七月一二日に与えられていた。彼は跳ね橋を上げた。七月一四日に、マスケット銃、剣、そしてそのほかの武器を持った群衆が集結した。ロネーは降伏したが、逮捕され法廷で認否を問われることなく群衆に殺され、彼の首は矛の先にさらされた。解放すべき囚人はたったの七人だった——四人の偽造犯、一人の性犯罪者、そして二人の「狂人」であった。だがシンボリズムというものは強力であり、バスティーユ記念日〔フランス革命記念日〕はフランスでいまだに祝われているのである。

憲法の制定の結果、一七九二年に第一フランス共和国が成立した。ルイ一六世は王制への法的な制限に合意したものの、つぎの年にジロンド党員によって処刑された。マクシミリアン・ロベスピエールが主導した公安委員会がジャコバン急進派のもとで権力を握り、恐怖時代が約一年つづいた。パリではぼ一万七〇〇〇人が処刑され、フランス全体ではさらに何万人もの人が処刑された。マリー・アントワネットはギロチンにかけられ、ロベスピエール自身も同じ運命をたどった。本物の、または嫌疑をかけられた反革命活動と人物は残虐に対処され、食糧不足が貧者の苦しみと、彼らのたゆまぬ抗議や暴動を引き延ばした。全体として、一時的なものだという建て前の緊急事態のもとで統治がおこなわれ、共和国が純粋《ピュール・エ・デュール》で強固なものとされた。革命の指導者たちはそれを民主主義の継続的な創造であると宣言した。その指導者たちは、投票のような制度的手続きを通じてではなく、すでに権力を握った現存の政治グループによって担ぎ上げられたものであり、彼らの隆盛は喝采をもって承認されたのである。

フランスのイデオローグたちは布教をおこない、「自由、平等、友愛」の精神は、宗教運動にも似て世界のほかの地域での専横な支配に対する反乱の精神となった。一七九一年から一八〇四年のハイチでの奴隷反乱は、フランスではじまった革命のイデオロギーの直接の結果であった。ハイチの奴隷と、植民者たちを守ろうとしたフランスとイギリスの軍とのあいだの闘争は、ハイチのフランスからの独立という結果になった。フランスは当初は奴隷制を廃止していたが、ハイチ反乱の終わりには再導入されていた。

軍事的な勝利が革命政府に信望を与え、フランスを統一すると信じられた。フランスは一七九二年にオーストリアに宣戦布告し、それからオーストリア領ネーデルラントを侵略、合併した。一七九三年には、フランスはスペインとイギリスに宣戦布告した。国境は引き直され、合衆国ではトマス・ジェファソン大統領が一八〇三年にナポレオンとルイジアナ購入の交渉をした。

ナポレオン・ボナパルトは非常に人気があったので、みずからの軍隊のために膨大な徴兵をすることができた。彼は革命戦争のあいだ、軍事的な指導力によって権力を握り、一八〇四年から一八一四年、そして一八一五年にもういちどフランス皇帝を自任することになった。ローマ法を模範としたナポレオン法典は一八〇四年に、起草委員会が八〇回開かれた後にフランスの法として承認された。法典の起草と議論は民主主義的なものであったものの、その内容は排除的なものであった。男性の市民のみが、宗教的な不同意も含めた平等な権利を手にし、女性には個人の権利がなく、奴隷制は残った。法は商業法と刑法に分かれ、また所有と家族に関する民法があった。法典はすべての植民地や直轄領に適用され、ほかのヨーロッパ諸国と南アメリカに影響を与えた。

恐怖時代も含めて、フランス革命の文化は多くの人を魅了した。「シトワイヤン」(市民)は新たな平等主義の称号であり、普遍的な呼びかけの形式になった。ギロチンは効率的な処刑のための医学的な装置として発明されていたが、刃の落下はつねに同一であったため、それは平等のシンボルとなった。「ラ・マルセイエーズ」は不朽の革命の歌となり、一九一七年のロシア革命で取り上げられることとなった。

フランス革命のイデオロギーはフランス人の権利に制限されていたわけではなく、あらゆる人類を包含するものと意図されていた。それはラファイエット侯爵とトマス・ジェファソンによって起草され、憲法制定国民議会によって発布された「人および市民の権利の宣言」にあきらかだった。ラファイエットはアメリカ独立革命で、ヨークタウンでの決定的な勝利の際に指揮を執っていた。「人および市民の権利の宣言」はその時代のものとしては急進的なもので、第四共和制と第五共和制（一九四六年と一九五八年）のフランス憲法の冒頭に収録され、フランスにおいてずっと憲法に含まれてきた。二〇〇三年には、それはＵＮＥＳＣＯの世界記憶遺産に登録された。この宣言の一七箇条は平明かつ簡潔に述べられた。いくつかはマグナ・カルタと合衆国独立宣言、そして合衆国憲法という歴史的な先例にもとづいたが、ほかの条文は新たな抽象概念を導入した。第一条から第五条は政府に対する権利を宣言し、国の人民の意思から切りはなされた絶対支配を拒絶した。第六条は、ルソーが『社会契約論』で導入した一般意志の理念を提示したが、そこには具体的な法的な履行はなかった。つぎのとおりである。

第六条　法律は、一般意思の表明である。すべての市民が、自らもしくは代表者を通じて、その定立に参与する権利をもつ。法律は、保護するにせよ処罰するにせよ、すべての者に対して同一でなければならない。すべての市民は、法律の眼には平等であり、その能力に従い、かつ、その徳性および才能によるもの以外の差別をされることなく、平等に一切の公的な位階、地位、職に就くことができる。

「人および市民の権利の宣言」の第八条から第一七条で主張される権利は、マグナ・カルタと合衆国独立宣言で述べられたものだが、それらはここでは普遍的な権利として宣言されている。自然権と政府における権力分立の保証からなる憲法があらゆる社会に必要であるとの宣言が、第一六条ではなされている。

権利の保障が確かでなく、権力分立も定められていないような社会はすべて、憲法をもつものではない。

私有財産は神聖なるものと考えられたが、ただしここではルソーよりもロックをふまえたものになっている。

第一七条　所有権は不可侵かつ神聖な権利であり、何人も、適法に確定された公的必要性がそれを明白に要請する場合で、かつ、事前の正当な保障の条件のもとでなければ、その権利を奪われてはならない。

革命への批判

アメリカとフランスの革命の両方に対するいくつかの批判的な反応は、民主主義をめぐる現代のさらなる論争にとって重要なものである。この批判の重要な要素はつぎのようなものだ。すなわち、アメリカの革命期とその後におけるイングランドの文化的な支配、アレクシ・ド・トクヴィルによるアメリカの連邦主義についての考察、フリードリヒ・フォン・ゲンツの、アメリカ革命に比較したフランス革命への低い評価、そしてエドマンド・バークによるフランス革命批判である。

独立国としての合衆国はもはやイギリスの植民地ではなかったものの、文化的ならびに経済的に、イギリスという出自は消えることはなかった。一七九〇年には、イギリス系アメリカ人が人口のほぼ半数であり、最大の民族グループだった。多くのイギリス系アメリカ人は革命前に裕福になっていたが、新たな国が拡大するにしたがって、土地を購入し、通商を支配し、公的な地位につくことによってさらに裕福になった。一七九〇年の移民帰化法は、帰化を「善良な道徳的人格」をもった「自由な白人」に制限した。それが意味したのは、年季奉公の使用人、奴隷、自由な黒人、そしてネイティヴ・アメリカンは市民になれないということであった。そして一七九五年には、市民権の資格に五年間の居住の条件が加えられた。マサチューセッツ州では、イングランドのピューリタンが節度と娯楽における抑制を強制し、また余暇活動を制限し、日曜日に耐久財と消費財を売ることを制限し、またアルコールの販売を禁止する「厳法」を強制した。諸植民地では英語が共通語であり、イングランドと同様に、家庭は核家族を基本とした。バプティスト派、メソディスト派、クエーカーやピューリタンのような主にイングランド国教会の反対者からなるプロテスタンティズム（そしてそれらに対する反対者）が、支配的な宗教であった。ほかのグループのメンバーは、体制に参入する前にイングランドのプロテスタント文化に同化しなければならなかった。

諸植民地は、イギリス製品を輸入しており、それが日常の生活スタイルを定めた。客間から救貧院にいたるまで、植民者たちは磁器のカップでイングリッシュ・ティーを飲んだ。イングランドの衣服や内装の消費者による購入を支援する信用制度がつくられた。この商業は独立戦争によってのみ中断された。後に、イングランドは大量消費の主要な供給者であっただけではなく、土地、工業開発、鉄道、炭鉱、そして牧畜への海外投資の大部分を供給した。一八一二年の英米戦争による中断も、イングランドの文化的ならびに経済的な支配を削減することはなかった。合衆国におけるイングランド文化の重要性は、二〇世紀までは完全に吟味されることはない非民主主義的な不平等を輸入し、継続することを容易にし、その体制下においては非イングランド系の移民に対する不平等と差別が消えることがなかった。

政治家で政治理論家のアレクシ・ド・トクヴィル（一八〇五〜五九年）は、二巻本の『アメリカのデモクラシー』と主著『旧体制と大革命』（一八五六年）で、ヨーロッパの貴族階級に、民主主義が将来の政治的潮流であると納得させようとした。多くのトーリー派（イングランドの王党派）は合衆国の新たな連邦政府体制に批判的で、州がこれだけの力をもっているのだから、最終的には無政府状態が訪れるであろうと予見した。だが、ド・トクヴィルは民主主義における中央政府の役割について懐疑的だった。

ド・トクヴィルは、アメリカの国家政府は自分たちの自由を守るのに必要な市民的な参加よりも、私的な消費や娯楽に関心が高い個人の集団を、たんに統括するのではないかと憂慮した。彼は、多数派による支配は反対意見をもつ個人を押しつぶしてしまうだろうと考えた。しかし彼は、市民、企業、そして文化的な集団を含むローカルな組織構造は、強力な中央政府と孤立した個人とのあいだの懸隔を埋めてくれるであろう市民的な参加へと、アメリカ人を引きこむだろうと楽観視していた。彼は、日常生活を規制するアメリカの州政府の重要な役割を見逃していたかもしれない。ド・トクヴィルはまた、国家宗教の不在を自分たち自身の宗教的自由に結びつけるアメリカ人の能力は、個人としてのほかのさまざまな自由を熱烈に擁護することの根拠となるだろうとも信じた。彼には二一世紀のソーシャルメディアの分断効果を予見することもできなければ、現在進行中の妊娠中絶と移民をめぐる論争における政治的・宗教的な不寛容の隆盛を予見することも無理というものだった。

アメリカ独立革命は既存の法を参照することで正当化され、憲法を基礎として、権力分立と市民に確保された諸権利を備えた合衆国政府が創設された。政治的な著述家で外交官のフリードリヒ・フォン・ゲンツ（一七六四〜一八四二年）は、それをフランス革命と肯定的に比較した。ゲンツは、フランス革命が、架空の諸権利と恣意的な民衆の意志を利用して正当化されない暴力的な抑圧や国際戦争と同時に、整合的な、もしくは一貫した憲法上の根拠なしに王殺しを実行したことを指摘した。しかし、ゲンツの比較は、合衆国憲法における奴隷制の許容を考えると躓いてしまう。また、もし権利が実在の法に制限されるなら、政府〔統治〕からは切りはなされた道徳的命法としての人権の概念は除外されてしまう。ゲンツには、人種的アイデンティティと地位をめぐる社会的な緊張関係が政治を支配するようになるとは予測できなかったのである。

フランス革命を、安定性と同様に未来の進歩のために必要な価値観や伝統への脅威として見る者たちもいた。エドマンド・バーク（一七二九〜九七年）はアイルランドの政治理論家であり、アメリカ独立革命以前にイギリス下院議員であった。国会議員として、バークは関税に対するアメリカ人の権利に関して同情的であり、その権利とイギリスの帝国に対する主権とを調和させようと試みた。バークは一七九〇年の著書『フランス革命についての省察』で、近代の政治的保守主義の基礎をつくった。彼は政治的な手段としての革命を広く批判して、こう書いた。「革新の精神は一般的に自己中心的な気質と狭い世界観の結果である。祖先をふり返ってみることのない人びとは、未来の子孫に目を向けることがないのである」と。バークは、自由が唯一の政治的価値ではない、なぜなら主権者としての人民の権力は、抑制も必要とするからであると論じた。進歩があるためには、「効果的な世論の命令」の代わりの野蛮な力による統治を避けるための、人民の思想による支配が重要であった。知識にもとづく世論のためには、公正の歴史と、公正を持続させる社会関係のパターンについての知識を必要とした。バークは、私たちであれば「プロパガンダ」と呼ぶであろうものをとくに苦にしなかったが、それは彼が、伝統の高い価値を保存するためには保守主義のプロパガンダが必要だと想定したからである。

アメリカ独立革命とフランス革命に共有された民主主義の構想は市民の諸権利と、その権利を法のもとに、または必要ならば実力によって守る政府の義務を主張した。しかし、革命そのものも、また同時代の批判も、そのような諸権利の本性の問題を解決はしなかった。アメリカ独立革命で主張された権利は、イギリスにおける権利の再主張であったし、フランス革命の指導者たちはたんに普遍的な政治的権利を宣言した。政府によってすでに守られた権利が実定的な権利であるなら、たんに宣言された権利は宗教、人間性、もしくは制度のどれを基礎にもできるもので、したがってそのような権利が普遍的であるとの主張は、「抽象的」もしくは「架空の」ものにみえる可能性があった。

イギリス的権利という観念はふつう、コモン・ローと伝統のことを指していると考えられた。だがそのような正当な権利をもっている人間を拡張するためには、実定法を超えたものにさらに依拠していくことが必要だった。たとえば、イングランド内戦のあいだには、既存の選挙権を財産所有者以外に拡張せよという要求が起こっていた。ニュー・モデル軍のトマス・レインバラ大佐（一六一〇～四八年）は「イングランドに暮らすもっとも卑しい人物も、もっとも偉大な人物と同じくらいに生きるべき人生というものをもっている」と主張した。レインバラの主張は土着主義、すなわち既存のイングランド的権利を拡張するのに使われた、イングランドのナショナリズムのある深い形式にもとづいている。（だがもちろん土着主義はイングランドに限定されるものではなく、ほかの文脈で非土着の人びとの権利を制限するのに使われてきたが。）レインバラの主張は通らなかった。それに代わって、選挙権の拡張は既存の財産所有をこえるものだという主張が勝利した。財産所有の正当化は部分的に、市民は知識をもち、教育を受けていなければならない、そして財産を所有する者たちだけがそれを得る余裕があるという、古代からある信念に、そして部分的には継続する人種主義と性差別主義にもとづくものであった。選挙権の条件としての財産所有はイングランドで継続し、また後には合衆国で、一八二八年、ほとんどの州ですべての白人男性が投票できるようになった大統領選挙まで継続した。アフリカ系アメリカ人と女性に対する選挙権の制限は南北戦争による合衆国憲法の修正、一九二〇年に女性に選挙権を与えた修正第一九条、また一九六〇年代半ばの公民権法制までつづいた。

革命期には、教育を受けた読者と筆者の公衆が拡大し、そのあいだで普通選挙権、市民社会における女性の地位、そして奴隷制の廃絶をめぐって政治的な議論が白熱した。こういった問題は、貧者の苦境とともに、近代の新たな問題となった。政治思想家の一部は、選挙権の制限から、権利と政府のみに頼ることは平等を確保するためには不十分であると信じるようになった。一九世紀の進歩派たちは、市民権を制限した社会の不平等に注目することで、別のアプローチを取ることになる。バークとは違って彼らは、変えるために伝統に注目したのである。

第6章　社会的進歩主義――社会における民主主義に向けて

現代の民主主義国に暮らす多くの人たちは、児童虐待に介入する権力と権威をもった政府の機関が存在することを当然だと思っている。しかし、政府のこの役割は比較的最近にできたものである。一八七四年に、メアリ・エレン・ウィルソンが殴られ、切り傷と火傷を負わされ、ニューヨーク・シティのアパートメントに七年間にわたって監禁された。アメリカ動物虐待防止協会（ＡＳＰＣＡ）のヘンリー・バースは彼女の救出を手助けし、ＡＳＰＣＡはその権限を利用してニューヨーク児童虐待防止協会（ＮＹＳＰＣＣ）を設立した。合衆国では、児童虐待が法的に対処される前に動物虐待を禁ずる法律があったのである。イギリスでは法制の順番は逆であった。一八八九年にヴィクトリア女王の支持を受けて国会は、児童のネグレクトと虐待、そして児童労働の搾取を終わらせることを目指す、広範囲にわたる「児童虐待の防止および児童保護法」を可決した。イングランドとウェールズでは、虐待を防止する「動物保護法」が一九一一年に可決された。だが合衆国とイギリスの両方で、法制の前には児童と動物の両方に対する虐待防止のための、地方レベルと全国レベルの協会が設立されていた。現在、そのような反虐待の協会と同様に法制が、先進国の民主主義世界全体に広まっている。

メアリ・エレン・ウィルソンの事件は、いまや民主主義的な政府が対処し、規制することのできる社会の内部に存在する多くの不平等や不公正のひとつを是正する、児童福祉法の例である。（そのような不平等や不公正には、取引や商業の慣行や認証、雇用の安全などが含まれる。）そのような規制は、社会そのものが民主主義的となり、その結果、知識をもたないもしくは脆弱性がある人たちが搾取され、だまされ、傷を加えられ、殺されることがなくなることを確実にする。民主主義的な社会の構想には、完全なセーフティ・ネットによる保護から、最大限に制限されることのない個人の自由にいたるまで、多くのものがある。一般的には、民主主義的な社会は人道的であると想定される。だが、民主主義的な社会は、自動的に民主主義的な政府〔統治〕と結びつけられてきたわけではない。道徳的な直感や原則が、政府による介入を通じて社会を民主化するのに必要なのである。政府の人道的な役割は、民主主義の理念を政府の組織や手続きの本性への注目から、社会そのものをより公正なものにする際の政府の役割へと拡張することを要請する。

古代、中世、そしてルネサンスの世界では、民主主義の構想と実践は、政府の組織と手続きに関連するものだった。社会においてすでに有利な立場にあったり特権をもっていたりする人びとは、政治的な支配集団に入ることができたり、自分たちの利害をそのなかで代表させたりすることができた。そして社会的に不利な立場におかれたり、地位が低かったりする人たちは排除された。イギリス、アメリカ、そしてフランスにおける、より民主主義的な統治形態へと結実した近代の偉大な革命も、同じパターンをたどった。しかしフランス革命の政治イデオロギーは、普遍的な人権という、原則的には政治的に排除された人びとにもおよぶ一般的な思想も、当時は抽象的な原則としてだったとはいえ、導入した。貧者への同情と人間の平等の思想は、古代のストア派思想と世界市民主義までさかのぼるものであり、とくにキリスト教などの主要な宗教で強調されたものであった。しかし、そのような道徳的思想や感情が政府によって表明されるには長い時間がかかった。つまり、民主主義的な政府組織も、抽象的で普遍的な主張も、宗教的な同情も、貧者の搾取、女性の権利の欠如、奴隷制を直接に緩和することはなかった。そのような社会的不平等に対処するために必要とされたのは、民主主義的な政府と法のもとで人びとがいかにして支配されたかということから、人びとがいかにして生きているかへの焦点の移動であった。直接にであれ代弁者を通じてであれ、誰が政治的権能を手に入れることができるかという疑問は、誰が政治的権能を手にするべきかという疑問へと変わる。それは道徳的疑問であったし、いまもそうである。

　古代世界においては、道徳的な問題は人格、つまり特権的な個人たちが正しい推論と行動を通じて最善の自己となれるかということを中心とした。キリスト教は人間関係に利他主義を導入したが、カトリック教会が究極的な権力をもっているときにさえも、信徒たちは政治的主体ではなく宗教的主体として取り扱われた。死後の魂の報いは普遍的なものではなく、キリスト教徒に限定されたものだった。そして慈善は推奨されたけれども、キリスト教の利他主義はそれを必要とする社会的不平等に反対するものではなかった。

誰が政治的権能を手にするべきかという疑問に答えるためには、社会秩序は実践道徳的観点から点検されなければならなかった。さらに、一つの答えまたは複数の答えが現実になるためには、議論、弁護、そしてときに新たな政治権力、法の変更、そしてさらには新たな法を生み出すような組織化された社会運動が必要であった。法の改正のためには政府の政策の変更が必要とされたが、それは法の改正は適用され、従われる必要があるからだ。広い目的は民主主義的な統治のもとでの平等主義的な社会、政治的進歩主義のはじまりとなる思想と行動の組み合わせであった。

政治的進歩主義は、法と統治は人間の福祉を改善しうるという信念を基礎とする。それは、歴史そのものが進歩をもたらすという、当初の焦点は社会的不平等ではなかったものの、一九世紀に盛んになったより広い世界観に関係している。それ以前の思想家たちは、プラトンとアリストテレスへと回帰して、人間の歴史を円環という観点でみたが、それは最善の統治や社会の形態でさえも最終的には凋落するだろうということを意味した。進歩的な世界観というのは、人間の福祉は改善しうるしすべきであるというだけではなく、それは人間の活動によって、時間をかけて改善するというものであった。一九世紀の進歩的思想家たちは進歩の原因を、知識の、とりわけ物理科学における発展、生産の増加、もしくは生まれつき善意のある人間性など、さまざまなかたちで定義した。人間の福祉の基準は正確なものではなかったが、その例としては教育の拡大による読み書き能力の広い改善、感染病を引き起こすバクテリア病原体の発見を通じた公衆衛生の改善がある。児童労働はヨーロッパ諸国では一九世紀のあいだに制限されたが、合衆国では一九三〇年代まで制限されなかった。児童労働は二一世紀初頭になってもグローバルな問題でありつづけている。

本章の前半では進歩の思想について短く論じたい。つぎに、道徳的理由から社会をより平等主義的にすることを追求した政治理論家たち、つまり、ジェレミー・ベンサム、ジョン・スチュアート・ミル、そしてカール・マルクスに焦点を当てる。三番目に、一九世紀アメリカにおける社会・政治改革運動についての短い議論をする。本章は社会進歩主義と歴史についての省察で結ばれる。

進歩の諸理論

進歩の諸理論は近代とともにはじまった。トマス・ホッブズは、安全を中心とするが、芸術、科学、そして商業といったものも含む人間生活の主要な社会的善は、統治される者たちが本来的に同意した強力な統治〔政府〕のもとでのみ可能であると信じた。西洋の伝統に属するほとんどの政治理論家たちは、同意なしでさえも、人間の生活は統治〔政府〕がないよりはあったほうがよく、それゆえに人間の統治の制度は、それ自体、人間の進歩の印であると想定した。スコットランドの啓蒙主義哲学者のデイヴィッド・ヒューム（一七一一〜七六年）は『芸術と学問の生成・発展について』〔邦訳は『技芸と学問の生成・発展について』〕（一七四八年）で、芸術と学問における進歩は政治的な安全を必要とすると主張した。ヒュームは、共和制が、その自由な公衆が技術的な革新に対する評価を声にすることができるがゆえに、この前進をさらに進めたと考えた。

しかし、すべての進歩の理論家たちが統治〔政府〕の重要な役割に依拠したわけではなかった。たとえば、ヒュームの友人で、スコットランドの経済学者・哲学者のアダム・スミス（一七二三〜九〇年）は、市場に信をおいた。スミスは「神の見えざる手」を仮定したが、それによれば個人による経済的な私利の追求は、分業と手を携えて、あらゆる人のより大きな繁栄に帰結する。一七七六年に出版されたスミスの『国富論』は、政府による介入を最小限にとどめる資本主義の近代の古典的な正当化の書となった。

スミスは、国民全体に適用される全体論的な進歩観をもっていた。対照的に、諸国民のなかでの平等主義的な進歩をめぐる道徳観は、諸国民内部の個々の集団と状況に焦点を当てるものだった。ヨーロッパの啓蒙主義（一六〇〇年代終盤から一八一五年まで）以来、全体論的な進歩主義は、社会内部での平等についての関心を含んでこなかった。今日でも、新自由主義派は、国民の生産性が上昇傾向にあるという前提で、諸国民のなかでの大きな不平等を受け容れている。進歩はまた、芸術、哲学、科学におけるめざましい達成にもとづいて測られ、予測されてきた。たとえば、コンドルセ侯ニコラ・ド・カリタ（一七四三〜九四年）はフランス啓蒙主義の経験科学に対する情熱を進歩的な力として表現した。コンドルセは『人間精神進歩史』を一七九五年に書いたときに、恐怖時代下で収監されていた。個人的な困難が彼の楽観主義をくじけさせなかったことは、全体論的な進歩の思想を抱く者たちは、他者のそれと同様に、自分の窮状には慣れているのかもしれないと示唆する。

進歩を戦争と平和の観点から考える思想家もいた。ドイツの哲学者であるイマニュエル・カント（一七二四～一八〇四年）は、人類は世界平和に向けて進歩していると信じた。『世界市民という視点からみた普遍史の理念』（一七八四年）でカントは、人間は個々人の寿命のあいだではその能力を発展させることができず、人類の全体がすべての人間の能力を時間をかけて発展させるのだと推論した。それは、協力と社会における適切な制度の創設のために、自由と平和を必要とするだろう。人間は「非社交的な社交性」を共有しているので、協力は争いを呼ぶものであり、共和国になりうるような政治組織の必要性を引き起こす。『永遠平和のために』（一七九五年）でカントは、共和国を法のもとの自由で平等な市民のいる国家として定義した。そのような市民は戦争のコストに敵対するであろうし、共和国の連邦はそれゆえに永遠平和のうちにこそ存在しうる。

ドイツの哲学者G・W・F・ヘーゲル（一七七〇～一八三一年）は、カントの非社交的な社交性の理念をさらに発展させ、戦争の肯定的な利用へと歩を進めた。『法の哲学』（一八二一年）において、ヘーゲルは世界の進歩を国民国家というかたちでの「精神」（Geist）の実現ならびに表現として定義した。イデオロギー的な闘争の解決と、「世界史的」指導者の隆盛と没落もまた、進歩の動力源となった。カントとヘーゲルの両者は、全体の進歩へ向けた道のりでの人間の苦しみを喜んで受け容れた。『世界市民という視点からみた普遍史の理念』でカントは、人類の一部の「輝ける悲惨」について語っていた

（第七命題）。

社会の進歩思想

民主主義的な統治に結びつけられたものとしての進歩の啓蒙主義思想は、社会の平等に向けた進歩に対する具体的な関心を誘発した。「進歩主義」の名に値するのは、この社会における平等に向けた進歩へのコミットメントである。ジェミー・ベンサムとジョン・スチュアート・ミルは、最大多数の最大幸福という道徳的な目標をもって進歩にアプローチした。カール・マルクスとフリードリヒ・エンゲルスは資本主義のもとでの労働者の革命的な団結を、道徳的な命令と、歴史的な必然の両者として求めた。この人物たちはみな、道徳的な直感と原則によって動機づけられた、政治的な進歩主義者たちだった。

イングランドの哲学者で法学者のジェレミー・ベンサム（一七四八〜一八三二年）は、抽象的な諸権利と、社会における平等に向けた変化とのあいだに明確な線を引いた。一七八九年の『無政府主義的誤謬論』で、ベンサムはフランスの「人および市民の権利の宣言」を批判し、自然権という思想は「大言壮語のたわごと」だと主張した。ベンサムによると、統治の外側にはいかなる権利もありえず、そのような権利の思想はそれ自体、法の転覆のために発明されたもので、無政府という結果になるだろう。『道徳および立法の諸原理序説』（一七八九年）で、権利の思想に依拠することなくイギリス社会を改革するための強力で詳細な原理を提案した。彼は、最大多数の最大善――つまりより多くの快楽そして／またはより少ない苦痛――を唱道した功利主義の道徳理論から推論をおこなった。そしてベンサムによる功利主義の応用は、大いに具体的なものであった。

ベンサムは、刑罰制度における腐敗した法と残虐な社会習慣の両方を改革しようとした。『パノプティコン書簡集』（一七八七年）で、彼はらせん状の構造をもち、すべての囚人をつねに監視できるような刑務所の新たなデザインを提示した。この構造は、囚人の行動と思想の両方をつくり変えることを可能にする。ベンサムは囚人の労働からの収益によってこの施設の費用をまかなうという周到な計画をし、彼自身がその「所長」に就任することさえも提案した。彼は「パノプティコン」を数十年にわたって提案したが、資金を得ることはできなかった。ベンサムはまた、イングランドならびに合衆国諸州のすべての法を、彼が「パノミオン」と呼ぶ大構想のうちに法典化する計画ももっていたが、それも受け容れられることはなかった。ベンサムは自分の遺体を、解剖して教育目的の展示のために「オートアイコン」として保存するよう、遺贈した。それはいまでもユニヴァーシティ・コレッジ・ロンドンでガラスケースに収めて展示されており、彼の頭部は別の場所に保管されている。パノプティコン、パノミオン、オートアイコンのおかげでベンサムは変わり者にみえるかもしれないが、それだけの人間ではなかった。

ベンサムはまた、奴隷制の廃止、死刑の廃止、そして同性愛を禁ずる法の改正を主張した。彼は女性の完全なる解放を支持し、また女性の参政権と立法者としての男性との平等を支持した。彼はまた動物の苦しみを最小限にすることを強く主張し、『道徳および立法の諸原理序説』でつぎのように書いた。「問題は動物たちが推論をできるか、話すことができるか、ではなく、苦しむことができるのか、ということである。感覚をもった存在に対して、法が保護を拒むなどということがあってよいだろうか?」と。

　現代的にも進歩的な政治目標——刑務所改革、動物の権利、LGBTQ+の人びとの受容、女性の完全な解放——のベンサムによる支持は、統治された人たちの福祉に注目する点においてだけであれば、政治的に民主主義的なものにみえる。だが、ベンサムの改革案は、苦痛は本源的な悪であり、快楽は本源的に善であるというより広い道徳原則にもとづくものであった。あらゆる人の最終目標は最大多数の最大幸福であるべきだ。ベンサムは感情的な幸福と身体的な快楽とのあいだに区別を設けず、『報償の原理』(一八二五年)で、「偏見はさておいて、鋲遊び[鋲で決闘をする子どもの遊び]は、音楽や詩の技や術と変わらぬ価値をもっているのである」と主張した。

　あらゆる規則や行動、とりわけ指導者や役人のそれは、「快楽計算」としても知られるベンサムの算術で、量的に評価し、比較できるものだった。その結果出てくる快や苦痛は、その量と方向《ベクトル》の観点から、求められたり避けられたりする何かとして測定できるものであった——強度(それがどれだけ強いか)、近接性(それがどれだけ近いか)、確実性(それがどれだけ起こる可能性が高いか)、純粋性(それが対立物と混合されているかどうか)、そして程度(何人が影響を受けるか)である。快楽もしくは苦痛の計算された程度は、それぞれの人間は一人であり、一人以上ではないのであれば、とりわけ重要な要素であった。

ベンサムの功利主義はより大きな善を求める点で民主主義的にみえたため、その目的を共有した社会改革家たちは、ベンサムの功利主義の道徳的基礎もまた共有した。できるだけ多くの人が生活の苦難から解放されるべきだというのは理にかなっている。だが、ジョン・スチュアート・ミル（一八〇六〜七三年）は、（彼の父のジェイムズはジェレミー・ベンサムの親友だったため）功利主義の原理にしたがって育てられたにもかかわらず、ベンサムよりも民主主義的な統治に関心が強く、彼の功利主義へのアプローチにはより批判的だった。ミルは民主主義的な代表制の政府〔代議制〕を好み、また銑遊びと詩の違いは彼にとっては重要だった。彼はベンサムによる表現の自由と女性解放の擁護は共有したが、その両方をより哲学的に掘り下げた。

ミルは代表制の政府〔代議制〕を「理想的な種類の、完全な政府」と呼んだが、彼は誰が代表されるかよりも、立法者のあいだでの議論や討論の重要性により関心があった。ミルは「少数者の邪悪な利害」には普通選挙制、定期的な選挙、そして無記名投票によって対抗しうるという点で、ベンサムに同意した。そしてベンサムのひそみにならって、ミルはこれらの民主主義思想の基礎を、自然権ではなく、最大多数の最大幸福とした。しかしミルは多数派によって実行されるたんなる民主選挙が、正しい決定がなされることを必然的にともなうとは考えなかった。そのかわりに、彼は知識をもった人びと、「教育ある少数者」による統治を提案した。

ミルは『代議制統治論』（一八六一年）で、単一の階級が民主主義的な選挙で選ばれた立法府を支配すべきだと論じた。彼は、立法委員会が多数投票によって選ばれた国会に法を提案するという方式を唱道した。教育ある少数者を包含することは、「たんなる多数派」の意志と同じくらいに重要であるがゆえに、これが「民主主義の純粋な理念」となるべきであった。かくして、ミルは『代議制統治論』の第八章でつぎのように述べている。

一国の制度は、その制度に関連するすべての事柄について、市民がその制度を尊重することは市民にとって有益かどうかという観点から、市民の知的判断を仰ぐべきである。一定の影響力をもつ資格はすべての人にあるけれども、しかし、善良で賢明な人びとにはより大きな影響力をもつ資格がある、と市民が考えることは、市民にとって有益なのだから、国家がこの信念を公言し、国の制度に体現させることは重要である。

究極的な立法者の国民による選挙というミルの思想は、フランス革命、ジャン＝ジャック・ルソーの『社会契約論』、そしてさらに前には、ローマ共和制にまでさかのぼるものである。そして、彼の政治的な先達たちと同様に、ミルは教育ある有権者を唱道した。統治体制を考察する前にすでに、ミルは多数派による支配への不信を育てていた。『自由論』（一八五九年）でミルは、異なる生活スタイルや「生活における実験」が自由に表現されうるような開かれた社会を支持した。社会のなかでは、少数派――ここでミルが「少数派」で意味しているのは、今日その言葉が意味する人種的・民族的に不利な立場におかれた集団ではなく、少数のエリートの進歩的な人びとのことであったが——は、多数派から守られなければならない。(ここで彼は、多数派支配による民主主義的統治は少数派の反対意見を抑圧してしまうだろうという、アレクシ・ド・トクヴィルの憂慮に示唆を受けている。)ミルは、言論の自由は行動の自由よりも広いものであるべきだと認識したが、それは彼が、言論は行動よりも有害な潜在性の低い重要な知的活動であるとみたからである。言論は、その見解が理性的で正しい者たちが、つねに自分たちを擁護しようと進んで思えるように、行使されなければならない。『自由論』の第二章でミルは書いている。

たとえ、受け容れられている意見が真実であるばかりでなく、真理の全体であったとしても、活発で熱心な論争が許されず、実際にも、そのように論争されていなければ、その意見を受け容れているほとんどの人びとは、意見の合理的な根拠を理解したり感じとったりすることが少しもないまま、偏見の形でその意見を信奉することになるだろう。

ミルは、すべての人が政治的参加や個人的自由への政治的権利をもっているかどうかという問題には焦点を絞らなかった。そうではなく、彼の目標は長期的な視点でのより多くの幸福という功利主義的な道徳目標であった。この幸福というのはベンサム的な意味でのたんなる快楽ではなく、「より高次の快楽」にもとづく幸福であった。鋲遊びは、詩ほどの価値はないというわけである。ミルにとっては、「快楽」はしばしば彼が「低次の快楽」と呼んだもの、すなわち大体において身体的である短期的な楽しみであった。彼は、友情、文学、詩、そしてほかの時間のかかる満足の形態といった高次の快楽のほうがよりよいものだと考えた。彼のそのような判断の根拠となる権威とは、両方の種類の快楽を経験したものとしての判断ということであった。

ミルは当然のことながらエリート主義という批判を浴びた。高次の快楽を彼が強調したことは、教育ある少数者による支配を彼が好んだことと一致している。あらゆる人が政治エリート層に属するための教育や社会的コネクションをもっているわけではなく、多くの人が高次の快楽を追求する余暇をもっているわけではないだろう。その結果、あらゆる人を考慮に入れていないがゆえに、ミルの社会改革の構想は完全に民主主義だとはいえない。しかし、ミルの個人的な経験は軽視されてきた。ベンサムとその父によって展開された功利主義の原理にもとづき、ミルは同世代の急進主義者たちの指導者たるべく育てられた。彼は三歳でギリシャ語を、八歳でラテン語を学び、一二歳になるころには古典の名作に親しんでいた。その後には政治哲学、論理学、経済学、そして形而上学がつづき、余技として科学を学んだ。彼は二〇代の前半には抑うつ状態となり、ロマン派の詩と文学に向かった。彼の教養教育はハリエット・テイラーによって支えられ、一八三一年には、彼は彼女と恋に落ちた。テイラーは結婚しており、二人の関係は彼女の夫が死去するまではプラトニックなものであった。『自由論』と『女性の解放』に対する彼女の影響はいまでは広く認知されている。ミルが一八六五年にウェストミンスター市の議員に選ばれた際に、彼の綱領には女性参政権が含まれていた。

女性解放を主張するミルの議論は、メアリ・ウルストンクラフトの『女性の権利の擁護』（一七九二年）の議論に似ている。教育を受けた女性はよりよい妻と母になり、解放された女性は国家の経済的・政治的な生活に貢献するだろう、という議論である。しかし、ウルストンクラフトがその擁護の根拠を、理性的な存在としての神に与えられた権利としたのに対して、ミルは女性が人類の半分であることを強調した。もし女性が解放されれば、彼女たちの貢献は、女性たち自身だけではなく、男性の幸福にも大きな影響を与えるだろう。ミルは、一九世紀のもっとも有名な（男性の）哲学者であったために、彼はウルストンクラフトよりも女性の大義の成功にはるかに大きな影響をおよぼした。

カール・マルクスとフリードリヒ・エンゲルス

ドイツの哲学者、活動家、そして学者のカール・マルクス（一八一八〜一八八三年）は、ヘーゲルのひそみにならって世界進歩的な政治的観点で思考をした。しかしヘーゲルとは違って、マルクスは実際的な思想家であり、「ガイスト」（抽象的な精神）の表現には関心がなく、ヨーロッパ社会のなかの現実的な経済的・社会的な状況に関心を向けた。『フォイエルバッハに関するテーゼ』（一八四五年）の第一一テーゼでマルクスが述べるところでは、「哲学者は世界をさまざまな方法で解釈しかしてこなかったが、重要なのはそれを変えることだ」と述べた。マルクスは人権の伝統でも、民主主義的な統治の枠組みでも仕事をしなかったが、それは財産所有者に有利な現存の民主主義体制のなかでは、政治権力をもたない人びとは権力を手にすることができないと考えたからだ。

マルクスはそのラディカルな著作の結果、フランスとドイツから亡命することになり、一八四九年以降は家族とロンドンで暮らした。彼は、『ニューヨーク・ヘラルド・トリビューン』紙に書いた何百もの記事も含めた著述で散発的な収入を得たが、主に友人で協力者であり、父がイングランドとドイツに織物工場を所有していたフリードリヒ・エンゲルス〔一八二〇〜九五年〕に援助された。マルクスと、元貴族である妻のイェニー・フォン・ヴェストファーレンは貧困と病気にさいなまれた。イェニーは聴力を失い、天然痘で痘痕を負い、二人とも肝臓を患った。ときにイェニーは、必需品を買うためにマルクスのズボンを質に出さなければならなかった。マルクスはまた、しつこいできものに苦しんだ(それは「真にプロレタリア的である」と彼はエンゲルスに書き送った)。イェニーはまた政治の組織づくりに活躍し、マルクスの著述を手伝った。二人のあいだには七人の子どもがいた。エンゲルスはその遺書で、生き残っていた二人の娘に遺贈をした。

マルクスは一八四四年にエンゲルスに出会っており、「イングランドにおける労働者階級の状態」〔邦訳は『イギリスにおける労働者階級の状態』〕での彼のテーゼによって、労働者階級が最終的な歴史的革命の推進力となるだろうと確信していた。一八四八年に、マルクスとエンゲルスは「共産主義の宣言」〔邦訳は『共産党宣言』〕を共著し、それを二人は共産主義同盟のための行動計画として提示した。それは「これまで存在した社会の歴史とは、階級闘争の歴史である」と書き起こされている。マルクスによる資本主義の主要な批判は、人間社会における生産の世界史的な説明を通じて要約されている。中心の思想とは、共産主義同盟の国政的な政党を、労働者による継続的な革命の前衛として擁護することだった。マルクスはフランスとベルギーの革命に寄附をしたことで非難され、フランス領アルジェリア、アイルランド、インドでの革命活動を支援した。しかし彼は、ロシアで共産主義が成功するかどうかについては、世界の支配を志向するその権威主義的政府のために、疑っていた。

革命の後に何が起きるかについてのマルクスの見通しは、ぼんやりとユートピア的なものだった。彼の著作は「プロレタリアート独裁」、つまり国家が「しぼみ去る」までの過渡的な時期と結びつけられる。マルクスは、政治とは経済的な布置の結果なのであり、資本主義下のブルジョワジーもしくは支配階級は、プロレタリアートもしくは労働者階級がその目的を実現するために転覆されねばならないだろうと信じた。これは希望を与える見解であるとともに、革命的な行動への呼びかけでもあった。それはまた壮大な歴史的予測であり、社会的に支配的な生産様式の経済学によって駆動されたものとしての歴史の解釈にもとづいたものだった。マルクスは、資本主義による労働者の取り扱いが不公正なものだと明示的に主張したわけではない。歴史的な必然性という彼の思想は、革命の「正当化」という作用をもった。つまり、労働者の革命は歴史的に決定されたものだったのだ。資本主義者は、つねにリスクを冒し、企業を拡大する必要を生み出す自由市場の競争のある力に捉えられている。革命は、タイミングによっては労働者の状態を彼らにとっては耐えがたいものにする、資本主義の拡張と縮小——好景気と不景気——のサイクルの結果として起こるだろう。この耐えがたさは、労働者たちに組織化をし、生産手段の支配権を暴力によって奪取することによって、自分たちの利害を主張する動機を与えるだろう。ここで明確に浮かぶ疑問は、もし労働者の革命が歴史的に決定されたものであるなら、それはどうして煽動される必要があるのか、ということだ。

一八五九年の「経済学批判」でマルクスは、いかなる社会も支配的な生産手段を占有する階級によって支配されていることを説明した。資本主義下では、利潤は原材料と労働力のコストと、売られる商品の価格の差から引き出される。労働者はつぎの日のための労働力を「再生産」するのにちょうど足る、つまり食料、家、衣服、そして次世代の労働者を生産するであろう家庭をなんとか維持するに足る賃金を支払われるだけでよい。（女性の家庭内労働は無料だと想定された。）自分たちの労働の余剰価値をしぼり取られることに加えて、労働者階級の構成員たちは自分たちの労働の生産物から疎外された。組み立てラインでの労働では、それぞれの労働者は反復的に対象の一部だけを作るのだが、最終生産物は労働者や、労働者がより自然な労働の形態を通じて表現できたかもしれないものを反映していなかった。（この自然な労働が潜在的にもつ回復的な役割というマルクスの思想は、労働を通じた承認の重要性というヘーゲルの思想を基礎とするものであった。）二〇世紀の大きな共産主義革命が、ロシア、中国、キューバのような農業を主軸とする国々で起こったことは皮肉であった。

生産手段の支配によって歴史が決定されるというマルクスの説は、民主主義的な統治という積極的な構想のための余地をもたないものだった。というのも、元労働者たちの利益になるような無国家状態という目標に到達するには、暴力革命が必要であるということをそれは含意したからだ。それにもかかわらず、労働する人びとに対する、つまりヨーロッパとアメリカの人びとの多数派に対するマルクスの焦点は民主主義的なものだった。というのもそれは、民主主義的な統治のもとで「デモス」——つまり人民——であった、もしくは「デモス」となるであろう人びとの利益と権力を中心とするものだったからだ。

マルクス自身は革命という観点で思考し、暴力による既存の政府の転覆を焚きつけたが、彼のラディカルな思想の一部分は、安定したリベラル民主主義国の政治文化の一部分となった。社会民主主義というこのマルクス主義の遺産は、労働組合の基本的な手法となり、資本主義的な経済システムのもとでの拡張された「セーフティ・ネット」の政策という進歩的な目標へとつながっていった。マルクスが書いていたころには、合衆国とヨーロッパでは女性も労働者階級も投票ができなかったが、選挙権が拡大するにしたがって、社会民主主義はしだいに現実的なものになっていった。基礎的な諸権利の思想や、民主主義的な制度のプロセスを通じた進歩があろうがなかろうが、あらゆる人が資本主義のシステム下で暮らし、繁栄することができるための十分なお金を持つべきだという最終目標は、民主主義のさらなる構想の永続的な構成部分となった。

一九世紀アメリカの改革運動

現代の民主主義の構想のうちには、奴隷制、女性やマイノリティの選挙権の制限、児童労働、人種的ならびにジェンダー差別、そして威力による投票の妨害といったものが入りこむ余地はない。グローバルにそのような悪害が消えずに残っているとすれば、宗教的なものであれ、人道的なものであれ、もしくは政府によって保証されたものであれ、普遍的な人権が確保されていないことを意味する。こういった権利とそのほかの権利は、一九四八年の国連の世界人権宣言によって初めて完全なかたちで発布された。多くの人びとはそういった権利を、現在では民主主義の規範として当然視している。しかし合衆国がそれらの権利を実現しはじめるまでに、すくなくとも一世紀の闘争が必要であった。その実現の一部はベンサム、ミル、そしてマルクスの思想に由来するものであったが、実現化のための社会的ならびに法的な変化は、しばしば草の根の願望から生まれた社会・政治的な組織と運動の結果でもあった。

合衆国と、英国の影響を受けた世界では、奴隷制の廃止と女性参政権に向けた努力は禁酒運動と切りはなせないものであった。それは、一九二〇年から一九三三年のアメリカにおける禁酒と、一九一八年から一九二〇年のカナダにおける禁酒、そして一九四七年以降のインド全域での禁酒（それはいくつかの州ではいまでも有効である）という結果になった。合衆国における、教育と公衆衛生を中心とする一九世紀と二〇世紀の改革運動においては、宗教もまた重要な要素であった。一八二〇年代と一八三〇年代の第二次信仰大覚醒の結果、一八四五年には合衆国のキリスト教聖職者の数は一七七〇年の二〇〇〇人から四万人へと増えた。その期間には新たな宗教的ならびに世俗的な組織が興った。ジョーゼフ・スミスが、ニューヨーク州西部で彼が発掘したと主張する金の板〔モルモン書〕にもとづいてモルモン教（末日聖徒イエス・キリスト教会）を創設した。産業化と商業化に対する反動としてユートピア的コミュニティを創造しようとする計画には、ニュー・イングランド超絶主義者たちによって創設されたブルックファーム、個人の性的自由を強調したオナイダ・コミュニティ（後にオナイダ銀食器製造社〔オナイダ・リミテッド〕となった）があった。

南北戦争の主要な原因は奴隷制をめぐる社会的な闘争だったのか、それとも州の分離と国の統一とのあいだの闘争だったのかについては、歴史家たちは一致をみていない。どちらが正しいにせよ、分離しようとした諸州は奴隷制賛成であり、連邦の大義は、一八六三年の奴隷解放宣言後は明確に奴隷制廃止へと傾いた。南北戦争は、いかなる改革運動よりも歴史的に大きなものであったが、それは、合衆国憲法に決定的な変化をもたらしたからである。つまり、奴隷制は廃止され、男性の元奴隷はついに国民となったのである。

南北戦争に先行したのは、奴隷制廃止運動と女性の参政権運動という、いずれも政治的と同様に社会的に進歩的な運動であった。合衆国の南北戦争の前には、合衆国とイギリスの両方で、黒人奴隷に反対する廃止運動の指導者たちは、女性の権利運動に力を貸し、その逆も起こった。この同盟は、一八七〇年に修正第一五条のもとで黒人男性が投票権を手にしたとき、合衆国では分裂した。それから合衆国における人種差別が、女性の選挙権運動を、白人の女性参政権運動家のあいだと、それから広く白人の運動家と黒人の運動家とのあいだで引き裂いた。スーザン・B・アンソニーやエリザベス・キャディ・スタントンのような一九世紀の白人の女性権運動の指導者たちは、アフリカ系アメリカ人男性が投票権を手に入れる前には、その運動のほかのメンバーには奴隷解放修正条項を支持したもの

図版6　1884年，ロンドン，セント・ジェイムズ・ホールでの女性参政権運動集会を描いた素描の当時の版画。

の、それを嫌った。アンソニーとスタントンは全国女性参政権協会（NWSA）を一八六九年に設立したが、女性は一九二〇年（イギリスの二年後）まで選挙権を与えられなかった[5]（図版6）。アフリカ系アメリカ人女性は、南北戦争の後は白人女性の政治グループや社交クラブからは排除された。彼女らはそこで自前のグループをつくったが、二〇世紀も深まるまでは、ジム・クロウ法のもとでの黒人に対する投票の排除が、合衆国南部での黒人の参政権を阻害していた。

合衆国では、ヨーロッパ全体や世界のほかの場所とは違って、労働党を発展させることはけっしてなかった。合衆国の労働組合の組合員数は、一九八三年の労働者の二〇パーセントから減少していった。二〇二一年には、アメリカ人の一二・一パーセントだけが労働組合に加入しており、比較すると、スウェーデンでは八二パーセント、イタリアでは三五パーセントであった（ただしトルコではわずか九パーセントであった）。一部の批評家は、合衆国の労働者階級は人種によって分断されつづけており、貧しい白人労働者に、彼らの白人という人種的地位の承認を通じて賃金の一部を象徴的に支払うために（それは「白人であることの賃金」と呼ばれる）、人種差別主義を利用する資本主義の搾取者の利益となったと主張している。黒人やそのほかの有色人種の賃金はさらに低かった。

不十分で差別された教育と、それに加えて二〇世紀半ばまでの高等教育からのあからさまな排除は、アフリカ系アメリカ人とそのほかの非白人グループにとって、ミドルクラスおよび指導層階級へと参入することへの世代をこえた障壁であった。労働に対する対価は、熟練労働者にほぼ制限されていた。植民地時代から一八四二年の「連邦対ハント」事件におけるマサチューセッツ州最高裁判所判決まで、労働者の「団結」（それは労組へと発展していった）は非合法であった。一九世紀の終わりには、鉄道組合とアメリカ労働総同盟（ＡＦＬ）が結成され、一九〇五年までには、鉱山労働者合同組合、女性労働者組合連盟、そして世界産業労働組合が結成された。

一九世紀の合衆国における改革から排除されたのは原住民族の公正な取り扱いであり、その人びとは先祖から受け継いだ土地から追い出され、自分たちの文化の絶滅に直面していた。原住民族の政治的ならびに社会的な習慣実践は、アメリカの（そして国際的な）民主主義の構想に重要な貢献をなす可能性もあった。その度外視は一八世紀にはじまった。イロクォイ連合には連邦制の統治制度があったが、それに反応してベンジャミン・フランクリンは一七五一年の書簡で軽蔑的にふれている。

もし無知な野蛮人たちの六民族が、そのような連合の組織を形成することができ、それが長年にわたって耐えていき、解体はできないように見えるやり方で実行できるとして、それに対して一〇もしくは一ダースの英国の植民地が——それらにとってはそのような連合はより必要性が高く、より大きな利益をもたらすものに違いないのだが——、同様の連合を実践できないとすれば、非常に奇妙なことであろう。

イロクォイ政府における女性の政治的地位は、合衆国の女性運動の基礎となりうるものであった。そのかわりに、女性参政権運動家たちはメアリ・ウルストンクラフトとジョン・スチュアート・ミルの、より抽象的な著作に依拠して、ブラックストーン卿の法釈義に由来する、妻の身分というイギリスのコモン・ローの原則を克服しようとした。(ブラックストーンによると、結婚した女性には経済的ならびにほかの独立した権利がなく、唯一の権利保持者としての夫によって「保護」された。)イロクォイ憲法もしくは「平和の偉大な法」は、イロクォイ諸氏族はその家系において女系であると指定していた。男性は結婚の後、義母の家に入った。ほかの成人女性たちによって選ばれた「氏族の母」は、最高の意志決定権をもっていた。彼女たちは、彼女たちに対する説明責任をもつ男性の「セイチェム」、すなわち首長を退陣させることができた。ベンジャミン・フランクリンとそのほかの建国の父たちはこういった習慣を知っていたが、彼らが合衆国憲法を起草した際には、女性の政治的な市民権の可能性は考慮しなかった。

社会進歩主義と歴史

功利主義的な道徳理論もマルクス主義も、民主主義の政治的な構想や民主主義的な統治機構をめぐる思想から明示的に生じたわけではない。ベンサムは権利という思想に妥当性を見いださなかった。ミルは多数派の支配に疑念をもっていた。そしてマルクスは、民主主義は抑圧階級によって支配されていると考えた。一九世紀アメリカの社会改革運動は、功利主義やマルクス主義よりも宗教に影響されたものだった。それにしても、それらの運動の精神はデモス、すなわち現存の民主主義的統治機構のもとで支配される人びとに由来するものであった。それらの運動は、たとえば奴隷制のような、多くの人が耐えられないと認識した状況に対抗して生じた。運動の指導者たちはコモン・ローと統治機構のもとでの安定した習慣に抵抗した。労働運動もまた、組合を禁止する固定した法に対抗し、また彼らに相対した雇用主たちの利益に対抗して闘った。

要約すると、改革のプロセスの動機となった思想は、広まった民主主義の構想から生じたものではなかった。しかし――これが民主主義の内部で変化のための新たな導管をもたらしたのだが――、功利主義、マルクス主義、そしてキリスト教は、道徳における洞察を政治的な変化の要求へと応用した。

そのような政治道徳はかならずしも法の変化に帰結はしなかったけれども、たとえば奴隷制の廃止や女性参政権の場合のように、変化をもたらすこともあった。政治道徳はまた、民主主義を統治機構から平等に向けた社会的な再組織化へと拡張することによって、民主主義の新たな構想に貢献した。それによってそれまでは排除されていた諸集団が利益を得て、道徳的な政治の世界が支配的な集団の構成員へと拡張されたのだが、それはそういった構成員が従属的な集団の構成員を承認し、尊重することがいまや求められたからである。進歩に対する広い信念が、そのような改革は可能なのだという理念の根拠となった。

二〇世紀の社会進歩主義はまた、生活は社会の一部の集団にとってよりよいものになりうるという楽観に依拠することになった。確立された民主主義国においては、隆盛する集団は表現と集会の自由の、民主主義的で立憲的な権利のおかげで力をもった。さらに、快楽と幸福は善であり、苦痛と受苦は悪であるという功利主義の洞察は、現代の民主主義の構想を彩りつづけている。マルクス主義もまた、現代における労働者の福祉の増進に影響をもちつづけており、極端な収入の不平等は民主主義に害をなすという持続するジェファソン的な思想も影響力をたもっている。

第7章　新たな民主主義体制と新たな民主主義の構想

第二次世界大戦とホロコーストの生き残りは、いまではほとんど生きていない。すぐに、直接の証言を提供できる人は誰もいなくなるだろう。一九三九年九月一日から一九四五年九月二日までの恐ろしいまでに破壊的な一連の出来事を通じて、第二次世界大戦は民主主義を危機におとしいれた。三五〇〇万人から六〇〇〇万人の人が殺された。六〇〇万人のユダヤ人、そして同数のカトリック教徒、ロマ、障害をもつ人びと、そして非ドイツ人の国民が強制収容所で殺害（「根絶」）された。ドイツ軍は大陸ヨーロッパの大部分を侵略して占領し、日本はインドシナと太平洋で征服をした（図版7）。

戦争中には陣営を変える国もあった。ドイツはイタリア、日本、ハンガリー、ルーマニア、そしてブルガリアの枢軸国を先導した。イギリスと合衆国に主導された連合国には、フランス、ソ連、オー

図版 7　飛行する戦闘機と機関銃。

ストラリア、ベルギー、ブラジル、カナダ、中国、デンマーク、ギリシャ、オランダ、ニュージーランド、ノルウェー、ポーランド、南アフリカ、そしてユーゴスラヴィアが加わった。戦争が進行するにつれて、イタリア、日本、そしてドイツが、主に合衆国、イギリス、フランス、ソ連、そして中国といった連合国を侵略した。ヨーロッパの都市は、鉄道や橋も含めて、破壊された。帝国主義列強はその植民地を戦争にまきこみ、インドだけでも二五〇〇万人の兵士を提供した。西アフリカ、ガンビア、シエラレオネ、ゴールドコースト（現在のガーナ）には連合国の軍事基地または中間準備地域が設置され、中東の諸国にも設置された。

六〇〇〇万人の民間人が故郷を失った。金銭的なコストは中世以来のすべての戦争のそれを超えたと見積もられている。（合衆国の支出は現在のドル換算で四兆ドルであった。）ヨーロッパの荒廃の後には二つの超大国、つまりソ連と合衆国が残り、二国はすぐに長い冷戦をはじめることになった。

もういちど世界戦争が起きるのをふせぐために、第二次世界大戦の直後に連合国側はドイツ、イタリア、日本の政府に新たな民主主義的な政治機構を強制した。同時に、いくつかの国は自律的に自分たちの政府を民主主義に向けて改訂することに成功し、新たに立憲政体を与えられた独立した元植民地は、自分たち自身の政府を形成する機会を得た。ただし、それらの民主主義の構想はしばしば、以前の植民者たちから引き継がれたものだったが。過半数の国は比例代表制をもつ議会制度を採用したが、ほとんどの国はその創設的な文書において合衆国憲法を模倣した。一九四四年から一九五〇年のあいだに二四の新たな自律的共和国が形成された。それらは、アイスランド、北朝鮮、韓国、インドネシア、ヴェトナム、台湾、ボスニア・ヘルツェゴヴィナ、クロアチア、マケドニア、モンテネグロ、セルビア、スロヴェニア、アルバニア、ハンガリー、イタリア、ブルガリア、マーシャル諸島、ミクロネシア連邦、パラオ、ルーマニア、ミャンマー、イスラエル、アイルランド、そしてインドである。第二次世界大戦以降の数十年間にはまた、インド、合衆国、そして南アフリカでより大きな民主主義に向けた国内の変化が起こった。

　大戦はファシズムの隆盛の後に起こったわけだが、ファシズムは多くの点で民主主義のアンチテーゼであり、当時の政治理論家たちはファシズムが未来の脅威であることに十分意識的だった。だが、「ファシズム」という言葉そのものが批判の言葉になる前に、イタリアのヘーゲル主義哲学者のジョヴァンニ・ジェンティーレ（一八七五～一九四四年）のようなファシズムの理論家は、ファシズム政府のみが真に人民を代表できる、なぜならファシズム政府は不平等をごまかすことがなく、その指導者は選挙民の普遍的な意志を表現できるからだ、と主張した。ドイツの哲学者マルティン・ハイデガー、劇作家のルイージ・ピランデーロ、ドイツとオーストリアからの難民であったアメリカの理論家エリック・フェーゲリンとレオ・シュトラウス、そしてドイツの法学者カール・シュミットもまた、現代民主主義の批判においてファシズムへと目を向けた。彼らはみな、アドルフ・ヒトラーとベニート・ムッソリーニが完全な権力を握る前に、ドイツとイタリアのファシズム指導者への支持を表明した。しかし、彼らは戦争が進行するにしたがってその立場から後退した。第二次世界大戦以後の進歩的な民主主義の構想は、戦争前の人種的至上主義や強力な軍事政府といったファシズムのイデオロギーに対抗するものであった。政治理論家一般は、ファズムのイデオロギーが、ヒトラーとムッソリーニの歴史的な隆盛の主要な原因であったと考えた。

民主主義体制への強要された変更

民主主義的な政府は自由選挙、表現の自由、集会、信教の個人の権利、そして政府の権力の制限と抑制を主張し、実践している。民主主義は絶えず変化するものであるが、なぜならそれが構築、再構築、そして劣化の余地をもっているからである。しばしば野心的でもある民主主義の構想は、それが記述する出来事の前に、もしくはその後にやってくることができる。しかしそこに魔法の言葉はない。新たな民主主義の構想は受容、法のかたちでの実行、そして政策への応用を必要とするのだ。

第二次世界大戦の後に、枢軸国は当初、民主主義的な改革を外から押しつけられた。合衆国によって資金提供を受けたマーシャル・プランは西ドイツと日本の両方に、再軍備化への制限と、統治機構がより民主主義的になることへの要請のもとで、経済的復興に乗り出すことを可能にした。ナチスの戦争犯罪者はニュルンベルク裁判で訴追され、裁判にかけられ、処罰された（一二人が死刑を宣告された）。一九四九年には、基本法がドイツ連邦共和国の創設文書となり、そして西ドイツは合衆国、イギリス、フランスの西側連合の支配下に入り、ソ連が東ドイツを管理した。一九五七年には、ドイツ連邦はフランス、イタリア、そしてベネルクス三国とともに欧州経済共同体（ＥＥＣ）を形成した。ドイツ共和国は自由選挙をおこない、政党政治が繁栄し、ソヴィエトに支配された東ドイツの西ドイツとのドイツ国家への一九九〇年の再統合の基礎となりうるほどに安定した、民主主義的な政府が生まれた。

第二次世界大戦中に、イタリアは枢軸国を離れて一九四四年に連合国に加わっていた。イタリア抵抗運動は、ムッソリーニのファシズムへの対抗、ナチスの占領からの国民解放、そして社会主義者と共産主義者による資本主義者との闘争を含んでいた。戦争の後、女性は参政権を得て、一九四六年に国民の投票によって君主のいない議会制の共和国が選ばれた。

日本の民主主義もまた外部から要請されたが、それはヨーロッパの枢軸国が加入することのできた国際的な同盟の十全たる利益を得ることができなかった。日本の軍部は一九三〇年代に国を掌握していた。一九三七年の日本による中国の侵略は、その合衆国との関係悪化に結びつき、それは一九四一年、日本によるパール・ハーバー攻撃という頂点に達した。合衆国が第二次世界大戦に参戦した四年後、一九四五年に、合衆国は広島と長崎に原子爆弾を投下した。（日本はいまだに核攻撃を受けた唯一の国である。）戦後の合衆国による日本の占領の目標は民主主義化と脱軍事化であった。新たな憲法が一九四七年に施行され、民主主義的に選ばれた議会が設置され、天皇の地位は日本国民の象徴的な表徴へと追いやられた。多くの民主主義的な改革が実施された。すなわち、女性は男性と平等な権利を与えられ、信教、報道、集会、そして言論の自由が確立され、労働組合の編成が推奨され、大土地所有が小作農を廃止するために再分配された。比例代表制の複数政党制が発展したいっぽうで、エリート大学の出身者によって支配されたとはいえ、実力にもとづく地位を与える全国的な官僚制もまた発展した。この官僚制は政策策定の機能を発達させたが、選挙で選ばれた代表者がそれを受け容れたり、拒絶したり、それと交渉したりした。（この制度は、約一世紀前のジョン・スチュアート・ミルの展望を実現したものだった——これについては第6章を参照。）

アーレント、ポパー、ロールズ、そしてセン

二〇世紀の新たな民主主義的な政治思想は、第二次世界大戦と、戦後の共産主義の全体主義によって引き起こされた民主主義への脅威によって彩られた。重要な思想家による貢献が、直接に民主主義の進歩を引き起こしたわけではないが、それらはその後のより政治活動的なプロジェクトが効果的になるための背景を与えるものだった。ハンナ・アーレントの民主主義についての著作は、現代的な代

表制と多数派支配には逆行し、古典的な共和制の伝統の復権を求めているようにみえた。カール・ポパーは、統治の経験主義的な原理の重要性を強調した。ジョン・ロールズは主要な社会的組織における公正《フェアネス》としての正義《ジャスティス》の理想の重要性を強調した。ロールズの理論の抽象性は、アマルティア・センの経済的分配へのケイパビリティ・アプローチによって反論された。アーレントとポパーは第二次世界大戦に反応していたのだが、その数十年後に書いたロールズとセンは、現在と未来の民主主義の基礎について論じていたのである。その思想が第三世界の開発プロジェクトに実際に応用されたセンを除いては、これらの思想家たちは直接の、明確な影響を民主主義に対してもつことはなかった。だが彼らの洞察は、ときには実際に変化を生み出す権力をもつ人びとのあいだでの、政治ならびに社会をめぐる議論の動機となりつづけている。

ドイツ系アメリカ人の政治・社会哲学者のハンナ・アーレント（一九〇六〜一九七五年）は、ユダヤ系の血筋のために第二次世界大戦のあいだにドイツを、それからフランスを去らねばならなかった。彼女の全体主義の経験は、すくなくとも二冊の著作『人間の条件』（一九五八年）と『革命について』（一九六三年）の中心となる思想を動機づけた。アーレントは、個人主義的でリベラルでもなければ社会的に集団主義でもない民主主義的な社会を修正するにあたって、公的な評議会を提案した。民主主義的な評議会は、市民が自分たちの政治的見解を話しあって形成する、市民生活の不可欠な一部分である参加型のフォーラムとなるだろう。この公的領域は、対話を通じて市民の集団的な政治的アイデンティティが形成されることを許容する現実の空間になるだろう。ただし、その実際の場所は、人びとが寄り集まるのに先んじて指定される必要はないが。そこでは事実にもとづく真実とは異質な、意見が表明される必要がある。アーレントは、公的な政治的フォーラムに人種的ならびに民族的なアイデンティティは場をもたないとみた。この排除はおそらく、ナチスのアーリア人の優越性についてのプロパガンダの否定的な経験から生じたものであろう。より一般的には、以前は私的な生活へと追いやられていた活動や財が、現代においては共有された公的生活へと物質的に拡張されたことによって、本来的な政治的参加は翳ってしまったとアーレントは考えた。カントを引きつつ、彼女は「私たちは言ってみれば、他者が私たちにその考えをコミュニケートするのに対して、私たちが私たちの考えをコミュニケートするような、他者とのコミュニティのうちにあるのだ」と書いた。

オーストリア生まれの哲学者カール・ポパー（一九〇二〜九四年）もまた、その人生をナチスによって寸断された。彼はニュージーランドに移った後に、政治的な圧制に対するみずからの反論である『開かれた社会とその敵』（一九四五年）を書き、それからイングランドに定住した。『推測と反駁——科学的知識の発展』（一九七二年）でポパーは、科学的主張は反証可能性によって存立するという主張によって有名になった。つまり、反証のできない信念や仮説は科学的にはなりえないということである。反証しようとする試みに抵抗する信念や仮説は、真であると証明されたというよりは「確証された」ものなのである。ポパーはマルクス主義者やフロイト主義者を非科学的であると批判した。なぜなら彼らは自分たちの予測が経験的な証拠によって反証されることを許さなかったからである。彼は、個人の自由を、とりわけ自由な対抗的な言論を守るためには「開かれた社会」が必要とされると主張した。

彼の民主主義的な統治の構想とは、それが漸進的で問題解決的な政策で成り立っており、もしその結果が予測を反証したならば、そういった政策は破棄されねばならなかった。

『正義論』(一九七〇年)で、アメリカの政治哲学者ジョン・ロールズ(一九二一〜二〇〇二年)は、民主主義的な伝統と、法を遵守する市民をもつような、すでに「すぐれて秩序だった」社会のための、新たなリベラルな——私なら「進歩的」と呼びたいような——社会契約論的な基礎を提示した。彼の著作は社会契約論の伝統の上にあるけれども、その「独自の論点」は、ホッブズ、ロック、ルソーによって仮定された自然状態ではない。そうではなく、統治と社会の基本的な機構についての熟議は、思考実験のうちに想像されなければならないのだ。かくしてロールズは、理想理論、すなわち不正義を正すためには、正義のモデルが必要であるという論理に乗り出すことになる。すなわち、「(語彙の順列でいえば)正義の原理は理想理論に属するのである」〔『正義論』第五三節より〕。

ロールズは、正義が第一の政治的な徳目であり、正義の概念は普遍的に認められるものであるという主張から出発した。しかし、この一般的な概念は具体的な構想を必要とし、そしてロールズの構想とは公正としての正義であった。彼の思考実験では、ある社会のステークホールダーは、「無知のヴェール」におおわれて、自分たち自身の富、地位、アイデンティティ、人生計画、真理、才能を知らない状態で主要な制度を設計する。一人の子どもがケーキを切り、別の子どもが自分のピースを選ぶという原則においては、この無知はステークホールダーたちが、社会的な制度を設計するにあたって自分たち自身の利益を増進することをはばむだろう。また但し書きもあった。すなわち、公的な職はあらゆる人に開かれていなければならず、また差異の原則は、不平等は許容されるけれども、すでに生活がより苦しい人びとの状況を悪化させるような変化はあってはならない、というものだ。それぞれの人は、ほかの人びととの自由と両立可能なかぎり最大の自由を享受すべきであった。

批判者は、ロールズの理想理論は、とりわけ人種をめぐって不平等が消えることのない合衆国にはあてはまらないと反対した。アメリカのロールズの信奉者たちはしたがって、非理想的理論を通じて、つまり満足に秩序だってはいない社会にロールズの思考実験を適用することによって、正義のための条件にアプローチしようとした。しかし、その戦略にはあらゆる人が納得はしなかった。インドのノーベル賞経済学者で政治哲学者のアマルティア・セン（一九三三年生まれ）は、ロールズに教わって、それからハーヴァード大学で彼の同僚となった人だが、センは理想理論ではなく、福祉経済のためのケイパビリティ・アプローチの議論を展開した。二〇〇九年の『正義のアイデア』で、センは人びとの実際の生活における「実現」に焦点を当てた。センは、ロールズ流の「超越的な制度主義」と彼が呼ぶような、構造に焦点を当てることの重要性を却下した。センはその例として、ダリとピカソの絵画のどちらかを選ぶにあたって、『モナ・リザ』が世界でもっとも完璧な絵画であるかどうかは関係ないと指摘した。それが意味するのは、非理想的な選択肢から選ばねばならないとすれば、ロールズ的な理想的正義は関係がないということである。またセンはサンスクリット文学に依拠して、ニーティ（niti）すなわち「組織的な適切さと行動の正しさ」と、ニヤーヤ（nyaya）すなわち「実際に現れた世界」とのあいだの区別をした。社会–政治的な生活の目標は、幸福を増やすことではなく苦しみを減らすことであるべきだと考えたポパーと同様に、センは不正義を最小化することを提案した。

センのケイパビリティ・アプローチは、不利な状態にある人びとにとっては有用でなかったり、利益にはならないかもしれない財やサーヴィスの一様の分配ではなく、その人びとが何を利用できるかということに焦点を当てる。たとえば、センは一九四三年のベンガル飢饉で飢餓を目撃し、一九八一年の『貧困と飢饉――権原と剝奪に関するエッセイ』で、それは食べ物の不足や食べ物を買う権利への干渉の結果ではなく、食べ物を買う能力《ケイパビリティ》の欠如の結果であると説明した。センのケイパビリティの思想は、たんなる干渉からの自由である消極的権利との対照で、積極的権利を導入するものであった。ベンガル飢饉では、多くの人が食べ物を買う自由をもたなかったのだが、それはたんに彼らが十分なお金を持っていなかったからである。

国内での民主主義の発達

民主主義の国内での発達は多くの場合、カリスマ的なリーダーのもとでの民衆運動の結果であった。二〇世紀には、インドのモハンダス〔マハトマ〕・ガンディー、合衆国のマーティン・ルーサー・キング、南アフリカのネルソン・マンデラによって瞠目すべき民主主義の進展が鼓舞された。インドにとっては、民主主義的な統治とは、イギリスからの独立と既存の民主的な制度と習慣を継続することの両方であった。合衆国と南アフリカの両方で、包摂的《インクルーシヴ》な民主主義とは非白人に、すでに白人に与えられていた権利や承認を適用することであった。ガンディーはキング牧師に影響を与え、その二人がマンデラに影響を与えた。

インドは現在世界でもっとも人口の多い民主主義国で、二〇二一年時点で一〇億四〇〇〇万人である。インドは一九四七年に独立国となり、その民主主義的な諸制度はこれまで継続している。モハンダス・カラムチャンド・ガンディー（一八六九〜一九四八年）は峻厳な道徳的プラグマティズムをもって独立運動をみごとに指導した。

ガンディーはイングランドで法律を学び、それから南アフリカに行き、そのイギリス植民地でのインド人の権利を擁護する活動家となった。非暴力の抗議をともなう市民的不服従を利用して、彼はインド人に対する人種差別的な法制の改革に向けて何千もの人びとを動員することに成功した。彼は一九一五年にインドに戻った。広くは国民会議派として知られるインド国民会議は、すでにイギリスからの独立の目標をかかげていた。ガンディーの天才は平和的で正当な大衆抗議運動の力を認識したことにあり、彼は南アフリカで学んだことをインドに応用したのである。彼は国民会議派を、法律家による法制や判決を変えることを目指す法的な改革プロジェクトから、大衆による市民的不服従を含む政治運動へと変化させていった。何百万人もの人が抗議をし、ストライキをし、投獄された。ガンディーは、生き物に害を加えることは間違っているというヒンドゥー教の宗教的教えにもとづいて暴力を拒絶した。暴力的な反乱に対してであればイギリス軍は打ち克つことができたであろうが、道徳的な動機をもつ平和的な抵抗に直面して、イギリス軍は撤退した。しかしながら、多数派のヒンドゥー教徒と少数派のイスラーム教徒とのあいだの宗教対立は和解させられなかった。インド独立にあたって、パキスタンが別の国として分離され、一億人のイスラーム教徒のうちの三分の二がインドを離れた。ガンディーは一九四八年にヒンドゥー・ナショナリストに暗殺された。

ガンディーの非常に人気があり崇敬された地位はインドの民主主義の象徴となったけれども、インドにすでに存在していた連邦主義と民主主義的な諸制度が、民主主義政治の安定性の基礎となった。イギリス東インド会社は一六〇〇年代に商業的な利益のためにインドに入っており、一八五七年には政治的支配権をめぐってフランス人を打ち負かしていた。当時、イギリス王室がこの国を支配しており、近代的なインフラ（道路、鉄道、電報、灌漑）が整備されていたものの、インド経済の世界への貢献は劇的に翳っていた。直接統治はインド国民との協議の余地を残すことになっていたが、イギリスによる支配の時代は、イギリスのインド産の原材料、とりわけ綿を主に支えるものであった。インド国民会議は一八八五年に、民主主義的な国民の自立を目標として設立された。

インド独立の後には、ケンブリッジ大学で教育を受け、近代的な思考をもったジャワハルラール・ネルー（一八八九〜一九六四年）が首相となり、政策は、紛争が起きた場合には司法によって民主的に決定された。権力は議会と国家の選挙の後に平和裏に移譲された。メディアは異論を自由に口にすることができた。ヒンドゥー教徒とイスラーム教徒、またヒンドゥー教徒とシク教徒とのあいだの民族紛争は起きたけれども、国民会議は民族的な包摂と妥協を是とした。くわえて、民族紛争はインドじゅうに広まったわけではなく、それが勃発した州に限定されたものだった。軍は職業的で抑制されたままであり、ローカルな政治紛争に干渉することはなかった。

合衆国における人種関係は、二〇世紀が深まってもアフリカ系アメリカ人の不平等と社会的な不利を継続させた。一九五四年にはマーティン・ルーサー・キング・ジュニア（一九二九～六八年）がアラバマ州モンゴメリーのデクスター・アヴェニュー・バプテスト教会の牧師となった。彼はガンディーの、公的な抗議を通じた消極的抵抗の方法を模倣し、宗教的かつ戦略的な根拠から暴力を拒んだ。政治的には、キング牧師の中心の思想は白人のアメリカ人にすでに享受されていた権利を、黒人のアメリカ人に適用することであった。キング牧師は、ローザ・パークスが人種隔離法を遵守することを拒み、バスの後部に座った後にモンゴメリーのバスのボイコット運動を組織して、世界的な注目を集めた。キング牧師は南部キリスト教指導者会議を創始し、一九六三年にワシントンDCでの行進を組織した。この際におこなわれたのが彼の「私には夢がある（I Have a Dream）」演説であった。この演説で彼は、白人アメリカ人にその平等主義的な建国の約束をはたし、その子どもたちが「彼らの肌の色ではなく、彼らの人格の中身によって判断される」ようにすべしとうながした。一九六五年にリンドン・ジョンソン大統領が投票権法に署名をした際に、キング牧師は大統領の背後に立っていた。それから彼は、一九六八年に貧民キャンペーンの開始を宣言したが、同年に白人の人種隔離主義者によって暗殺された（キング牧師の家族の一部は、彼はＦＢＩにはめられたと信じたのだが）。

合衆国における人種関係は、進行しつづける摩擦と論争の場であった。公共空間においてはもはや人種隔離は合法的ではないものの、二一世紀になっても、とりわけアフリカ系アメリカ人に関しては、住居の隔離は一九七〇年代の頂点から収まることはなかった。その原因は、白人が事実上の人種隔離を好んだことと、住宅の販売、賃貸、融資における人種隔離を禁止した一九六八年の公平住宅法を守らせる政治的意志の欠如であった。富、収入、教育、そして医療における黒人と白人のあいだの格差は、アメリカ社会全体に定着している。丸腰の黒人に対する警察による非合法な殺害が全国ニュースの注目を浴びつづけている。新型コロナウイルス感染症のパンデミックのあいだには、アフリカ系アメリカ人の死者が不当に多く、刑事司法制度における彼らの数は、いまだに不当に多い。

ヒスパニック系・ラテン系アメリカ人とネイティヴ・アメリカンもまた、彼らの非白人の人種的な地位にともなわれる不平等に不当に苦しんでいる。アジア系アメリカ人は、中国と新型コロナウイルス（SARS–CoV–2）の出所の連想を動機とする暴力行為においてスケープゴートにされてきた。進歩的な声と公的な抗議は聞こえ、見えつづけているものの、この全体的な非民主主義的な人種的不平等はこれまでのところしつこく消えそうもない。あらゆる非白人の人種・民族グループにおいて隆盛するミドルクラスを包含していくことはますます増加しているが、それはかなりの数の白人アメリカ人のあいだに根強く残る人種的な偏見や差別を解決、または解消するには不十分である。

南アフリカとネルソン・マンデラ

南アフリカの民主主義は、そこにはイギリスとオランダの植民者がいたけれども、白人男性のためのその排他的な代表制の民主主義制度の歴史において合衆国に類似している。ケープ州は、最初は一七世紀半ばにオランダの通商者と植民者によって植民地化された。一九世紀の初頭にイギリス植民地が創設され、植民者がやってきた。アフリカーナーとイギリス人の両者はコイサン族、コーサ族、ズールー族の人びとに対する白人の人種的支配を実践し、マレー人の奴隷を輸入した。イギリス人は一九世紀の初頭に奴隷取引は廃止し、一八三四年にはすべての奴隷を解放した。

アフリカーナーのナショナリストたちは、イギリスが一九〇二年のボーア戦争に勝利した後に縮小した。アフリカーナーの国民党は一九四八年に勝利し、一九六〇年に共和国を設立した。二〇世紀の初頭から、黒人の部族集団がアフリカ民族会議（ANC）を通して政治的な代表を求めて圧力を高めていた。数十年にわたって、アフリカ民族会議は政治的な代表を求める穏健な要求をした。だが彼らは、イギリス人には黙殺され、アフリカーナーの白人至上主義の支配によって押しつぶされた。アフリカーナーは彼らの教会や政府から黒人を厳密に排除したが、それに対して教育を受け、財産を所有する黒人たちはイギリスによって選挙権を与えられていた。一九四〇年代には、人口の圧倒的多数を占める部族集団の成員を、スラム化し隔離された「ホームランド」へと制限するアパルトヘイトに、アフリカ民族会議は公然と抵抗した。一九四八年以降には、アフリカ民族会議は機能することを許されたが、その要求は黙殺されつづけた。

一九六〇年に、シャープビル虐殺事件で二〇〇人の黒人アフリカ人が死傷すると、南アフリカ共和国はアフリカ民族会議を禁止し、抑圧的な取締法を施行した。一九七一年には、すべての南アフリカ黒人は、国土の一三パーセントを占める一〇のホームランドのどれかひとつを割り当てられた。黒人のホームランドは適切な教育や雇用のためのインフラを欠いており、国のそのほかの部分では市民の参加権は白人に制限されていた。「有色の」（人種混交の）人びととアジア系の人びとには妥協がおこなわれたが、それはさらなる抗議を引き起こした。白人政府は一九八六年から一九九〇年まで、緊急事態宣言を発令した。

アパルトヘイトに対する国際的な憤慨は強いものであった。外国からの経済制裁は南アフリカを消耗させ、政府とアフリカ民族会議との交渉が一九九〇年にはじまった。F・W・デクラーク大統領（一九三六〜二〇二一年）の政府が、アパルトヘイトは道徳的に許容できないと認めるまでに三年がかかった。アフリカ民族会議内の武闘派はそれまで妥協に乗り気ではなかったが、一九九四年五月九日にはついに普通選挙がおこなわれた。アフリカ民族会議は投票の六二パーセントを獲得し、同会議は新たな憲法を支配する力はもたなかったものの、与党となって統治することが可能になった。ネルソン・マンデラ（一九一八〜二〇一三年）は当時アフリカ民族会議の議長であり、アパルトヘイト後の南アフリカの最初の大統領となった。マンデラは全人生を人種的な民主主義に向けた活動と政治運動にささげ、数多くの実刑判決によってもたじろぐことはなかった。

一九九五年には、マンデラは真実和解委員会（TRC）で、アフリカ民族会議の急進的で戦闘的なメンバーと（アフリカーナーの）国民党を包摂するための交渉を調整した。聖公会司祭のデズモンド・ツツ（一九三一〜二〇二一年）が委員長となった真実和解委員会の目的は、アパルトヘイトのあいだの人権蹂蹂躙についての真実をあきらかにし、暴力の犠牲者に補償を与え、犠牲者と加害者の両方にアパルトヘイトのあいだの自分たちの経験について語る機会を与えることだった。しかし、ニュルンベルク委員会とは違って、真実和解委員会は起訴告発の権力をもっていなかった。真実和解委員会はまた、恩赦委員会も備えていた。二万二〇〇〇をこえる陳述、七〇〇〇の恩赦公聴会、そしてアパルトヘイト犯罪に対して一五〇〇件の恩赦が与えられた。真実和解委員会への反応は賛否両論で、それが可能にした和解の真正性を称賛する者もいれば、公正な処罰がなかったことを非難する者もいた。

政治史と政治理論についての省察

プラトン、マキァヴェッリ、ロック、ミル、センのような思想家の一部は、自分たちの時代の統治の問題について直接の影響を与えた。アーレント、ポパー、ロールズのようなほかの思想家たちは近い歴史に応答したが、彼らの大きな影響力は現実の歴史でその後につづく民主主義の進展に読み込むことができる。政治理論はかならずしも単純に、もしくは直接に現実の世界史につながったものではないが、同じ時代に生ずる思想と出来事のあいだには共通性があるだけではなく、思想の一部はそのまま歴史の一部になるのである。第二次世界大戦の大波は、民主主義的な構造を政府から社会へと拡張するような新たな思想を刺激して生み出した。本章で説明したように、その結果の一部は、インドの民主主義国家としての独立、アフリカ系アメリカ人のための公民権法制、そして南アフリカでのアパルトヘイトの終焉など、それが適用される文脈に応じた新たな民主主義の構想であった。一九世紀の思想から発達した平等主義的な社会のための道徳政治思想は、そのようにして実践に移されたのである。

要約しよう。アーレントの直接参加民主主義の思想は、二〇世紀の偉大な解放運動のうちに読み取ることができる――彼女にとっては残念なことに、民主主義的な統治の変化した制度のうちには読み取れないのだが。抗議者やデモ参加者は直接的な政治権力はもっていないけれども、彼らは疑いなく、権力をもっている人間に影響を与えている。ロールズの著作は多くの人に、あらゆる社会的なアイデンティティの持ち主は、社会の基本的な諸制度の形式や機能に対して発言権をもつべきだということを念押ししつづけている。そしてロールズは政治哲学者とみなされているけれども、彼の制度への注目は、社会における正義に関係の深いものであった。センは、持てる者たちと持たざる者たちとにはっきりと分断された世界における公平な経済的分配について、ニュアンスに富んだ疑問を提起した。ポパーの、エビデンスにもとづく民主主義的な統治の思想は、いまだに広い政治的な人気を得てはいないが、新型コロナウイルス感染症のパンデミックがもたらした公衆衛生危機のような、多くの指導者が科学的情報にもとづいて対処してきた、緊急事態はその例外であろう。パンデミックはマイノリティと貧者に不当に影響を与え、通常時には変化させるのが難しかった社会的な不平等に注意をひきつけた。そのような自然の緊急事態は、人間が引き起こした戦争と同じように民主主義を拡張する機会を提供するかもしれない。ただし同時に、そういった大変動は非民主主義への退行を引き起こす可能性も秘めているが。

第8章　民主主義の未来——脅威とレジリエンス

年配の進歩主義者たちはしばしば、若者に希望を求める。しかし、スウェーデンの気候運動家グレタ・トゥーンベリが二〇一九年に国連で演説した際には、彼女はそんな希望は何も与えなかった（図版8）。トゥーンベリは、若者から未来を奪っているまさにその世界の指導者たちに希望など与えたくないと考えて、「よくもこんなことができたものですね！」と叫んだ。気候変動は民主主義に対する間接的な外部からのグローバルな脅威である。ますます極端になっていく天候の異常事態が家屋やインフラを破壊し、海面上昇、農地の喪失、そして耐えがたい気温が何百万人もの人を難民化していくにつれて、緊急事態宣言から右派ポピュリズムにいたるまで、政治的な衝突や非民主主義的な政策が激烈化していく可能性がある。

図版8　グレタ・トゥーンベリの国連スピーチ（2019年9月23日）。

民主主義に対する近年の直接の脅威は、国民国家の内部と外部からやってきた。二〇二一年一月六日の、合衆国連邦議会議事堂への攻撃は国内の脅威を代表するものであるし、ロシア軍によるウクライナの都市の破壊は外的な脅威である。政治理論家と政治活動家たちによって発達した民主主義の構想は、デモスを拡張し、より大きな社会的平等を目指していく知的ならびに歴史的な軌跡のうちに確立されていった。つまり、政治理論は時がたつにつれてより民主主義的なものとして解釈可能になっていったのである。しかしそれは言説の問題である。あいかわらず正しいことを言い、書きつづける人たちもいるであろうが、実際の民主制の未来は予想が難しい。

民主主義的な社会内部でのかなりの熱のこもった政治的な衝突のうちでは、進歩派と保守派の両者が、相手側の党派が社会の核となる制度の脅威となっていると主張する可能性がある。合衆国におけるような、勝者ひとりじめの選挙の慣行では、どちらの党が権力を握るかによって、トップダウンの変化にシーソー効果が生じる。したがって、政治的に中立的な民主主義的支配の基準に依拠する必要が出てくる。それはたとえば、自由選挙、司法の独立、表現の自由、宗教の自由、法の支配の尊重、そして人格や財産への個人の権利である。そういった基準や制度は普及し、しっかりと確立されたものである。だがそれらは、進行中のプロセスの支えとなるためには、つねに更新され、受け容れ直されなければならない。進歩そのものが、法の支配のもとで守られなければならない。法による支配に代わりうるのは、個人による支配、富による支配、そして腐敗や縁故主義による悪政である。

二〇一八年出版の『民主主義はいかにして死ぬのか』〔邦訳は『民主主義の死に方』〕で、ハーヴァード大学の政治学者スティーヴン・レヴィツキーとダニエル・ジブラットは、合衆国に対する警告として、合衆国国外での民主主義的な制度の破壊を記録している。レヴィツキーとジブラットはベネズエラ、トルコ、ハンガリー、そしてロシアに焦点を当てながら、さまざまな関係者や運動を記述している。政治的対立の抑制と寛容の重要性を、法の精神を保存するために強調している。二人は政治的な徳を養っていくことに加えて、民主主義的に選ばれた役人たちが民主主義的な制度を利用して非民主主義的な目的を達成しようとする場合への意識を求めている。いいかえれば、民主主義そのものが民主主義の基盤を掘り崩すために使われうるということだ。

現代のジャーナリズムが、レヴィツキーとジブラットの主張を証明している。二〇二〇年の『エコノミスト』紙の「報告書」では、インドのナレンドラ・モディ首相政府の観察者たちが、権威主義的な支配へと傾く潮流にみえる、抑制と均衡の浸蝕を詳述した。二人は、憲法による保護を無効化してしまうような権利の侵害に対して、司法の反応が遅いことを指摘した。その侵害とは、インドの国民アイデンティティとヒンドゥー教の宗教アイデンティティとの結びつき、ジャンムー州とカシミール州に対する直接の国民支配の導入、軍部が民間の問題について公にコメントする傾向の増加、集団や個人を「テロリスト」とレッテル貼りする新たな恣意的な権力、イスラーム教の抗議者に対する警察暴力、そして政党への制限のない匿名の寄付金である。インドはいまのところ自由で秩序だった選挙をおこなっている。しかし、モディが二〇一九年に地滑り的再選をはたすと、反対候補たちは行動規範の違反で譴責されたにもかかわらず、モディはされなかった。

インドにおける民主主義への脅威は、国内政治から生じた。民主主義に対する外部からの脅威のほうが、国内からのそれよりも認識しやすいだろう。たとえば、第二次世界大戦におけるドイツによるヨーロッパ諸国の侵略と占領、もしくは非民主主義的な目的をもった革命や軍部クーデタのような、別の主権によるある政府の公然とした乗っ取りであれば、誰でも気づくだろう。しかし戦時中にはナチスに対する民主主義的な抵抗運動が存在したし、二〇二一年のミャンマーにおける軍事クーデタは広い公衆の抗議と労働者のストライキに迎えられた。こういった種類の抵抗運動は、可能かつ必要なものとして、生じつづけることが期待できる。それらの成功は物理的ならびに精神的な力に、そしてまた外部からの支援に依存している。世界の公衆はロシアの侵略に対するウクライナの抵抗のために、いかに外部からの支援が必要とされたかということをほとんどリアルタイムで目撃したし、それは本書を執筆中にも進行中である。

自然災害は、気候関連であれ、生物学的なものであれ、未知のものであれ、もうひとつの外的な脅威である。しかし、そのような非人間的な出来事や条件によってもたらされる破壊の本性は、社会がそれまでにいかに構築されているかに依存する。ジャン゠ジャック・ルソーは一七五五年のリスボン地震が社会的に構築された側面をもっていたことを、もしその地震は自然のなかで起こっていればほとんど問題にならなかったはずであり、また七階建ての家に住むことを選んでいなかったら、そして自分たちの財産を持ち出すためにその家にあわてて戻るようなことをしなかったら、多くの人は死なずに済んだだろうと指摘することであきらかにした。二〇二〇年の新型コロナウイルス感染症のパンデミックによって、世界じゅうの多くの人は、当然のこととして受け容れてきた日常の脆弱性を意識することになった――職業と収入の不平等、女性の一般的な雇用の不安定性と子育ての義務、人種と民族に関係する、まえもって存在した不利な条件など。このように、それ自体すでに非民主主義的である、社会的に構築された不平等は、災害のあいだに悪化したのである。そのような非人間的な原因による民主主義への脅威は結局、まえもって存在する人間的な原因による脅威にほかならないのである。気候変動が人間による化石燃料の消費によって引き起こされているかぎり、この災害の社会的な構築性は自明であろう。（ルソーは大はしゃぎで、つぎのように言うだろう。「人間は雨林を犠牲にしてファストフードを生産・消費し、彼らの自動車との熱烈な恋愛はその破滅を招くだろう」と。）

民主主義をどう考えるか

現在における行動が形づくりうる政治的条件としての民主主義の未来は、内的ならびに外的な脅威がいかにして理解されて直面されるかということに、そしてすでに形成された志望や期待に、依存するだろう。方法論という学問的な用語は、専門の学者たちがいかにして民主主義の思想にアプローチするかということを表現するものの、本当はこれは、私たちみながそれについていかに考え、その思想をいかに表現するかという問題なのである。アイザイア・バーリン（一九〇九～九七年）は、「二つの自由概念」（一九五八年）で、二つの民主主義的な自由の構想を明示した。すなわち、消極的自由とは外部の介入からの保護であり、積極的自由とは個人の内的な能力、もしくは個人ができることへの支援である。消極的自由は古典的な民主主義と結びつけられるおなじみの個人的な権利であり、いっぽうで積極的自由は個人ができることへの支援である。バーリンは積極的自由の「レトリック的な濫用」に対する警告を発し、その自由をめぐる進行中の論争におけるさまざまな価値観の役割を強調した。二〇世紀の後半から二一世紀初頭の進歩思想は積極的自由を支持した。たとえば現在の合衆国では、貧しいマイノリティの子どもたちが学校に行くことをさまたげる法律は存在せず、それは彼らが大学に志願する自由と同じように、消極的自由である。だが、貧しい地域の初等教育と中等教育が、より有利な環境で育った受験者に対する競争力をもたらす知的なスキルを教えていないならば、受験者を勉学のうえで支援するプログラムで、彼らの積極的自由を（もしくはアマルティア・センのいうケイパビリティを──これについては第7章を参照）支持し、そういった受験生が合格する可能性を高めることができるだろう。

一九四八年の国連の世界人権宣言（ＵＤＨＲ）は、普遍的な人間の平等の、最初の広く受け容れられた声明である。それはアイザイア・バーリンによって記述された積極的自由と消極的自由の思想を、権利という言語においてであるが、結合させたものであった。世界人権宣言は権利の侵害からの自由（つまり消極的自由）と、収入、雇用、結社の自由、健康と余暇への権利、そして女性と子どもに対する特別の配慮を通じた、人間の生活の基本的な質を享受する自由（つまり積極的自由）を具体的に述べている。世界人権宣言は主に理想への希求を述べたものであったが、それによる人間の平等の肯定は、合衆国の公民権運動やアパルトヘイトの終焉のようなその後の解放運動の基礎となった。

消極的自由の保護のためであれ積極的自由の保護のためであれ、法を可決することは最終的な目標ではない。というのも法は、政府と社会の両方のなかで真の規範となるためには、適用されるもしくは実施されなければならないからである。保守派は、新たな平等主義的な法を減速させる、またはさえぎるような方法で、受け容れられてきた法的な手続きに訴えるであろう。その結果は、法における平等がそのまま現実における平等を生み出すことはないというものだ。それゆえに、法とその適用の両方からなる統治の全体は、ひとまとまりの過程としてみる必要がある。

アメリカのジャーナリストで政治理論家のアーサー・ベントリー（一八七〇〜一九五七年）は、一九〇八年の『統治過程論』で、このような統治の過程としての側面を強調した。ベントリーは、社会におけるさまざまなグループや出来事の社会的な（そして社会学的な）分析は、「社会的な出来事が社会的な原因をもっている」ような説明を必要とすると論じた。つまり、社会の研究は、社会のなかで起こっている出来事の水準においておこなわれる必要があると彼は主張し、つぎのように書いている。

もしこの統治過程のすべてが、感情によって押しだされるのを待ちかまえていたり、あるいは場合によっては逆に感情を押しだすような「外的」事象であるなら、それはそうかもしれない。しかし、実情はそうではない。統治過程は、われわれが知っている何らかのものが内的であり人間的であるのと同じほど、「内的」なものであり人間的なものである。

ベントリーは、何らかのグループの社会的な不利を説明するにあたって、外的な諸力や生物学的な差異を利用することはできないとつけ加えた。二〇世紀初頭のアフリカ系アメリカ人の状況を論じて、彼はつぎのように書いた。

私は、人びとが実際には、知性と道徳的特質に関する通常のありふれた言葉によって相互に峻別されるということを否認しているのでも、あるいは、個々の成人が、実質的に同じものとして記述される状況のなかで相異なった行為をするということや、この叙述方法が、時と場合によっては有用であることも否認しているものでもないことをくりかえしておく。私が主張しているのは、個人的特性が説明する社会とは別に、適切に記述され規定され得る一定の個人的特性にもとづいて、社会を因果関係的に解釈するように組み立てようとする企図が、混乱と見当違いの温床であるということである。

ベントリーは、彼が書いていた時代にあふれかえっていた人種差別的な人種理論の真実性や虚偽性について論評しているわけではなく、社会的な原因を必要としている社会的な出来事や条件であるところの、社会における人種的差異の研究にとって、そういった理論は決定的なものでもなければ有効なものでもないと主張しているのである。ベントリーの『統治過程論』が出版される一二年前に、アフリカ系アメリカ人の哲学者にして社会学者W・E・B・デュボイス（一八六八〜一九六三年）は一八九六年の研究書『フィラデルフィアのニグロ』で、似たような方法論的主張をおこなっていた。デュボイスは、自分の研究対象である貧困、不健康、そして高い犯罪率が、住宅の制限、かぎられた就労機会、基準に達していない教育機会といかにつながっているかを実証的に示した。そのようにして、デュボイスは社会的な原因と社会的な結果を具体的に結びつけることに成功した。

デュボイスとベントリーの両者は、社会における出来事や状況は、社会における出来事や状況の観点からさらなる説明を要請すると主張していたのである。ベントリーは「生物学的な人種的劣等性」といった理論的な仮定を包括的に拒絶したが、デュボイスはさらにふみこんで、白人と黒人の貧困、健康、そして犯罪のあいだの格差に差別的な人種的原因を見いだした。ベントリーは社会を包含する統治観に関心をもっていたが、デュボイスはより直接的に社会そのものに注目した。

バーリンのような区別、そしてデュボイスとベントリーによってなされた方法論的な主張をこえて、歴史は私たちに、平等をめぐる一般的な声明は、たとえ公式的なものであっても、言及された集団のすべての成員の現実の平等を支持するには十分ではないということを教えてくれる。一般的な声明の後には、個別具体的な集団に影響を与えている個別具体的な不平等が明示的に注目されなければならない。このことは合衆国政府において一九六〇年代の公民権法制のための必要性を通じて、また国連が発した平等主義的な理想の宣言にあきらかであった。

成文法だけをとっても、南北戦争後に採用された合衆国憲法の奴隷解放修正条項は、白人がもっていたのと同様の公民権を解放奴隷とその子孫に与えてしかるべきであった。しかし、合衆国南部における何十年にもわたる社会的抑圧と奴隷労働に近い状況と、公然と認められたリンチの実践が、一九六〇年代の公民権法制を必要とさせたのである。リンチは二〇二二年三月にヘイト・クライムと名指されるまでは、連邦レベルで禁止されることはなかった。

一九六四年の公民権法は公共空間での人種隔離を違法とし、人種、肌の色、宗教、性別、また国民的な出自にもとづいた雇用の差別を禁止した。一九六五年の投票権法は地域の投票所の連邦による監視と、有権者登録の妨害に対する処罰を定めた。しかしこの法制でさえも、教育における差別的隔離を禁止した「ブラウン対教育委員会」での合衆国最高裁判所の判決と同様に、アメリカの人種的不平等に終わりをもたらすものではなかった。住居の差別的隔離はつづいたし、投票権の妨害もまた継続した。公教育が大体において財産税によってまかなわれている連邦の制度においては、初等教育は人種によって隔離されつづけているのだが、それは、部分的にはマイノリティの児童が不十分な資源しかない貧しい地域の学校に通学しているためである。法のみでは、人種的な不平等に終止符が打たれることはなかった。なぜならそれは、統治の過程の成文化された一部にすぎないからである。公共政策と社会的規範は成文法の実践的な効果を簡単に希釈してしまう。さもなければ多くの人たちが法にしたがうのを拒否するだろう。

国連は一九四八年以来、不利をこうむった集団、すなわち、女性、人種的・民族的なマイノリティ、子ども、難民、障害者、ＬＧＢＴＱ＋の人びとなどの権利を肯定するための何百もの宣言を発出してきたが、それはあたかも世界人権宣言における普遍的権利の適用可能性を具体的に指摘し、強調するかのようである。また、国連は、権利を尊重する民主主義国の内部での理想を熱望し、それを鼓舞するような役割にもかかわらず、その政府が市民と住民の基本的な権利を侵害している国家の成員と交渉する必要性につねにさらされてきた。個別的な宣言や成員との同時進行的な交渉などはいずれも必要ないはずであった。というのも、論理的には、世界人権宣言はあらゆる人間を普遍的に対象にするものであるからだ。しかし、普遍的な権利がより個別具体的に再適用されることは、普遍的なプロジェクトが粘り強くつづけられるものであることを証し立てている。

概念としては必然的に曖昧なものである民主主義の概念が意味するのは、支配される者たちが支配に対して発言権をもち、自分たちがいかにして支配されるかについて、彼らがするように命じられる、もしくはしないように命じられうるものについて、不服従に対する罰は具体的に知らされつつ、声を出すことができるということである。歴史的に、民主主義的な統治は、自分たちは支配的な集団と平等でありつつ明確に異なっているとみるけれども、支配的な集団と同じようには扱われていない国民国家内の国民もしくは集団にとって魅力的なものであった。民主主義的な統治の既存の構造と過程は、民主主義の利得が支配集団の構成員と平等には扱われていない集団の構成員へと拡張されうるという楽観を支えるものである。民主主義の進歩的な構想は、民主主義的な統治下において真に平等な人びとの数を拡大するという目標をもっている。進歩派は民主主義の原理を、支配されているけれどもその支配に対して十全な発言権をいまだもたない集団へと適用することを熱望し、そのために行動する。

進歩派はそのようにして、真のデモスを拡張することを目指すのだ。進歩主義は理想追求的でありつつ、現実に適用可能なものであり、それは不完全なままなのである。

進歩主義は、既存の法的制度や法、役人の性格、そして既存の部分的なデモスしだいで妨害されたり逆行させせられたりするかもしれない。ときにはその妨害は、緊急事態に対処するために必要な、すべての権利の削減として現れる。しかしそれ以外のときには、退行は純粋に政治的なものであり、不利をこうむった人びとへの民主主義的な原理の適用を切りつめるための手段としておこなわれる。しかし、歴史は緊急事態でも政治的退行でも止まることはない。なぜなら退行的な政治のもっとも大きな抑圧のもとでさえも、つねに進歩的な抵抗はあるからだ。たとえば、二〇二〇年と二〇二一年のあいだの合衆国における白人至上主義者による黒人・アジア人に対する暴力は、民衆のたゆまぬデモや抗議、そして攻撃されたグループを支援するための地方ならびに連邦政府による行動によって応答されてきた。ウクライナ侵略のあいだには、多くのロシア人が公然と抗議をしたために長期間の収監の危険を冒した。

認識論的な脅威

認識論という用語は、知とみなされるもの、そして人びとがいかにして知を得るのかということを指す言葉である。もし統治そのものが過程であるなら、知られていることを基礎にした議論はその重要な一部分である。新たに包摂された、もしくは包摂に向けて努力しているデモスの一部は、彼らが政治参加するデモスの十全たるメンバーとなった後に、政府に何をしてほしいのかを自動的に知るわけではない。したがって彼らは、自分たちのあいだで、そして自分たちとデモスの立場をより確実なものにした成員とのあいだでの議論をする必要がある。一九世紀と二〇世紀両方の思想家たちは対話と議論の重要性を理論化したが、二一世紀初頭にはこの「談話《ディスコース》」の多くがセンセーショナルなニュースメディアの評論家や、ソーシャルメディアの投稿やコメントに乗っ取られてしまった。それとは別に、学問的な研究者たちは何がなされ、決定がいかにしてなされるべきかについての会話や対話を独自に継続してきた。だが、そのような水準の言説は〔認識の〕バブルに入りがちである。民主主義の継続は、広い選挙民のなかでのより情報と知識にもとづいた議論の育成と保護にかかっているだろう。これは、民主主義とは何かを理解し、またそれを維持するために教育が必要であるという古い問題である。対立する意見をもつ人びとのあいだでの包含的な議論は、柔軟なレジリエンスを求めるものとして、とりわけ重要である。

議論は統治された者たちが統治に対して発言をすることを可能にするが、それは、同じ意見や利害にもとづくものではなく、正しいと認められた事実の真実性の共有された基礎にもとづくことによって、意見は変わりうるという希望と期待をもっておたがいと話すことができることによる。異なる利害が追究され、意見が形成されて論争がおこなわれるための基礎に関しては、広い常識が必要となる。古代の政治理論家たちは、デモスは無知であると考えたために、民主主義を却下する傾向にあった。

近現代の政治理論家たちは教育を受けた選挙民の重要性を強調してきた。トランプ政権下での合衆国、ブレグジットのあいだのイギリス、そして多数のシリア難民の受け容れの後のドイツでの出来事や潮流は、公共的な民主主義の言説を弱体化させうる認識論的な弱点を露呈した。根拠薄弱な流言、陰謀論的な物語、そして指導者たちが発するいわゆる「大きな嘘」は、新たに考察されなおされるべきものである。多数のデモスは知識をもっていないだけではなく、いかにして知識を得るかについて、知識をもつ人たちと同意しない。そういった知識をもたない人たちは、知識をもつ人たちが知、とりわけ科学的な結論に関してもっている基準を共有していない。科学そのものが現在、あまりにも安易に、その知にとっての重要性の真剣な理解なしに却下されている。

民主主義は、二〇二〇年の合衆国大統領選挙のあいだに緊迫したものとなった。政治と新型コロナウイルス感染症のパンデミックについての陰謀論者が、合衆国だけではなく世界じゅうにあふれかえった。陰謀論を信じることは教育の欠如と結びつけられてきたものの、教育が認識に関するものであるいっぽうで、事実という基礎をもたない陰謀論は認識を飛び越して、感情的な反応に火をつけるものである。専門家の意見を尊重しつつ、その信念がエビデンスにもとづいているような人たちと、エビデンスをしりぞけ、専門家を軽蔑する人たちのあいだには政治的な緊張関係がある。その結果、現存の緊張関係は秩序だった理性的な議論を通じては——片方の陣営がそれに参加しないのだから——緩められることはない。進行中の論争はその結果、レトリックによる闘争へと劣化していき、それは暴力に火をつける。

陰謀論の研究者たちは、陰謀論がいかに反証可能な事実や論理的な推論を受けつけないかを強調する。それが意味するのは、陰謀論的な思考とそれを動機とする行動は、通常の方法では対処することはできず、それにいかに対処するかという問題は粘り強さを必要とするということだ。言論の自由という保護のもとでの通常の民主主義的な議論は、一般的に、『自由論』（第6章を参照）におけるジョン・スチュアート・ミルの、検閲に反対する議論を応用するものである。ミルは、道徳的に間違っていたり、事実の水準で不正確であったりするものも含めて、あらゆる観点は自由に表現されるべきだと主張した。というのも、それらに事実と論理にもとづいて反論することは、人はたんなる習慣や迷信から自分自身が正当だと信じる意見をもつわけではない、ということを確証させるからである。ミルは、個々人の認識論、もしくは人びとがいかにして自分たちがさまざまなことを知るようになったと考えるのかについて、関心を抱いていた。彼の洞察は、知がもたらす結論というのは、たんに記簿に保管して終わりというわけにはいかないということだ。つまり、私たちはたゆまず、独自の推論を加えていかなければならない。この独自の推論というのは、初等学校と中等学校で教えることのできる、批判的なスキルである。しかし民主主義国の成人の市民がそのような理性的な過程を拒絶し、反論できないような信念に執着するとき、事実をめぐる論理的な推論はそのような人たちの心を変えるには効果が薄いだろう。

陰謀論の一部は、民主主義の秩序だった政治的機能に脅威を与えている。たとえば、二〇二〇年のトランプ政権による、新型コロナウイルス感染症のパンデミックへの非科学的な反応や、圧倒的な証拠があるにもかかわらず、二〇二〇年の選挙でのトランプの敗北を受け容れることの拒絶が広まったことである。その結果生じたのは、計算不可能な病気の拡散と、通例の秩序だった新政権への移行の妨害であった。新型コロナウイルスの感染を避けるための緩和手段を受け容れる人たちと、その人たちをあざける自由を主張する別の人たちのあいだには、終わることのない口げんかがおこなわれた。その後には、しかるべく開票された投票の正確性を主張する人たちと、合衆国の上院と下院の当時の大統領支持者たちも含め、それを否定する人たちのあいだには激しい対立が起きた。そのような状況においては、政治的言説に事実と論理をもって貢献しようという人たちは三つの選択肢に引き裂かれることになる――理性的に（しかし効果の薄いままに）論じつづけるか、あきらめるか、知識にもとづかない反対意見の検閲を求めるか。

カール・ポパーは寛容性のない相手に対して非寛容になること、もしくは非民主主義的である相手に対して非民主主義的になることは一般的に許されると考えた。しかし、ミルと同じように、彼は非寛容と権威主義への渇望は理性的な議論を通じて対処できると考えた。陰謀論者の一部と同様に、排外主義や白人の人種的優越性をほめたたえる保守ポピュリストたちは非寛容である。議論としては、彼らの見解は事実と論理という通常の武器をもって対処されうるし、ごく一部はそのような努力を受け容れるかもしれない。だが、陰謀論に染まった信念はふつう、そのような理性的な呼びかけには屈しない。彼らにはどのように呼びかければいいのだろうか？　民主主義国家における権威にとっての伝統的なジレンマは、そのような信念の表明を検閲することによって非民主主義的にふるまうか、そのような信念の表明を許すかという選択肢にある。

非寛容な者たちに対する非寛容は、暴力が、犯罪や暴動といったかたちで犯された際には難しい問題ではなくなる。しかし、それは、暴力がまだ起こってはいないけれども、非合理な信念から暴力が起きるかもしれないと信じられる際には、あまり助けにはならない。実際、暴力を煽動するために虚偽が使われることに対するそのような憂慮は、二〇二〇年末にかけて合衆国で広く声にされたいっぽうで、検閲も先制的な暴力もおこなわれなかった。二〇二一年一月六日の合衆国議事堂の攻撃の後に、刑法上の捜査と追訴がおこなわれた。しかし先手を打つかたちでの民主主義の保護は、新たなものも含めて積極的な予防施策を必要とする。

ポパーはまた、誰が支配すべきかという疑問を飽きもせずに問いつづけたことについて、政治哲学を批判している。ポパーは、そうではなく、疑問は「私たちはいかにして悪い統治を取りのぞくのか」であるべきだと提案した。ポパーの答えは、投票日は「偉大な審判の日」であるというものだった。しかしこの答えは、選挙権をもっている者たちはみな自由であり、みな何に賛成して投票しているか理解しているということを想定している。このことは、初等教育の教育課程における批判的思考の重要性に私たちを直面させる。しかしそれは時間のかかることであるし、ローカルな学校制度における親の妨害を克服することができないことも多い。必要なのは新たな成人教育であろうが、その民主主義をいかにして自発的かつ民衆に広まるものにするのかは、困難な問題である。もし新たな成人教育が強制されたり法的に必修のものとなったりすれば、それは思想の教化や強制的なプロパガンダといった非民主主義的な実践と変わらない構造を備えることになってしまうだろう。

公然の虚偽をめぐるジレンマは、言論と暴力とのあいだの境界線よりもよりニュアンスに富んで繊細なものである。望まれない出来事が起こるときには、陰謀論的思考を後押しするような想定が文化を支配するかもしれない。そのような想定には、異義を申し立てることができる。たとえば、アフリカ系アメリカ人の社会進出に対するバックラッシュは、成功はゼロサム・ゲームではないという主張によって疑問に付し、対抗することができるし、非白人の有権者の数的有利に対する白人の不安は、数的なマイノリティがもつ民主主義的な権利を念押しすることで緩和することができる。おそらく政治的・社会的な指導者たちは、自分たちの国家や政策について楽観的に称賛するのはひかえるべきだろう。将来の見通しについての悲観と、指導者が人民のために何ができるかについての、ますますの謙虚さの表現が必要になるだろう。その結果、期待感が抑制され、そのおかげで大きな自然災害が起きたり、不況が生じたり、パンデミックが到来したり、自分が支持する候補が選挙に負けたりしたときの落胆、ショック、怒り、否定は緩和されるだろう。世界は安全な場所であり、何らかの特別な、そしておそらく支配的な集団の福祉と繁栄を維持してくれるというのは思いこみでしかなく、その思いこみが、望まれざる、予想外の出来事に対する異常で陰謀論的な説明への要求を生み出すのである。

非合理的な陰謀論的思考によって脅かされている民主主義の保存は、成人に対する正直で、現実的で、公的なメッセージを発することにかかっているかもしれない。言論の自由の権利やそれに関連したさまざまな自由を前提として、そのようなメッセージ発出は、それを飲み込むかどうかは個々の選択にまかされつつ、魅力的で人を惹きつけるようなやり方で説明される必要があるだろう。この成人の知識獲得の重要性は、理想的には、子どもたちが市民生活への準備としていかに教育されるかに結びついていることがのぞましい。現在の民主主義諸体制における民主主義の未来は、有権者の大多数が十分な知識を手にして、良い統治と悪い統治とのあいだの区別を、望まざる現実を受け容れる能力を基礎としつつできるようになるかどうかにかかっているだろう。

国際主義、土着主義、そして未来の民主主義の構想

民主主義は国際的に認められた統治の理想となり、民主主義的な社会は社会的平等に向かう傾向を示してきたため、極端な不利にある人たちのグローバルな苦境について考えることは理にかなっている。ホッブズの観点では、そういった人たちは政府が保護をできないことの犠牲者である場合が多いのだが、外部の国家による軍事的な保護が機能するという証拠はほとんどない。(アフガニスタンにおける長期にわたる国家建設のための戦争の失敗は、それに関係の深い一連の実例を提示している。)ここでの主題は、統治の構造としての民主主義、もしくは具体的な国家政府のもとでの社会の問題であるよりは、人間の生活と福祉に対する一般的な関心としての人道主義により近いものである。不利に苦しむ世界じゅうの人びとは、物理的な安寧と、彼らの恐怖を鎮めてくれるような方策の両方を必要としている。国連による一九九四年の『人間開発報告書』によれば、物理的な安寧を想像する人間

の安全保障の理念に加えて、欠乏や極端な貧困からの自由のほうが、国民的もしくは軍事的な安全の理念よりも進歩のためにはより有用なのである。

人道的な理想としての人間の安全保障は、国籍や国民国家と結びつけられつづけてきた民主主義の理想からは独立したものである。ただしそれは、それを手にしている人たちにとっては、国籍や国民国家と結びつけられた理想としての民主主義の利益の多くを確証してくれるようにみえるけれども。現在、国民国家のかたちをとる民主主義国の連合を生み出す世界政府は存在せず、予見可能な未来にそのような政治組織が発達することはありそうにもない。しかし民主主義の利益を国民国家の境界線を超えて拡張していくことを目指すにあたって、人間の安全保障は未来の国際的ならびにグローバルな民主主義の構想の一部をなす理念となるだろう。

世界じゅうの先住民族の民主主義的な権利は、世界人権宣言と、そういった人びとがそのなかで従属的な主権をもった国民国家政府とのあいだの法的に成文化された条約上の権利に照らせば、軽視されてきた。国連は先住民族の権利に関する国際連合宣言（ＵＮＤＲＩＰ）を発出し、それは二〇〇七年九月一三日に、一四四票の賛成、一一票の棄権、四票の反対で総会で可決された。宣言に反対投票をしたのはオーストラリア、カナダ、ニュージーランド、そして合衆国で、いずれも先住民族の抑圧の長い歴史をもっており、保障もしていない国であった。（宣言の作成は一九八二年にはじまっていたが、先住民族による資源と自決権の主張があるいくつかの国の憂慮のために遅延されていた。）国連は先住民族に対するグローバルな差別の存在を認め、その人びとの人権と政治的権利を主張した。

国連はまた、原住民族の各国家との条約権は国際的な問題であると名指した。原住民族の権利が国民国家の内部で対処されるにせよ外部で対処されるにせよ、それは民主主義的な原理の未来における実現のために、重要な要素となるだろう。

もし民主主義の構想が国民国家の政府の構造のなかに制限されるなら、民主主義体制はその社会のなかにかなりの不平等を抱えたまま維持されるだろうというのは、歴史が示唆するところである。民主主義的な統治は、法にしたがった機能を必要とする。民主主義的な国家の内部では、社会のなかの平等という進歩的な理想は、あらゆる集団が統治に参加し、社会のなかでの平等な取り扱いを期待できるところまで、デモスがつねに拡大していくことを要請する。国際関係は拘束力のある法によって統合されているわけではないものの、現存の民主主義的な政府は民主主義の基本的原理を、とりわけグローバルな貧者とのやりとりにおけるその国際関係へと、その国境内部で従属的な主権をもった先住民との法的・社会的な関係へと拡張しなければならない。これは民主主義の国民国家を超えた構想となるであろうし、それは同時に、自分たち自身の国内で民主主義を拡張しようと努力している、民主主義的な諸国民国家によって発達させられうる。同じであろうが異なっていようが、さまざまな個人や集団による国内ならびに超国家的な民主主義の構想の努力を排除するような論理の規則や道徳の原理は、存在しない。

民主主義的な人道主義的政策は、政治道徳にとっての重要な目標である。もし政治道徳が遠く離れた場所にいて悲惨な状況にいる人びとへと拡張されるなら、世界はより民主主義的になるだけでなく、その同じ人道主義の精神は国際的な政治・文化的分断を緩和する可能性がある。不寛容、そして不寛容に対する寛容的または不寛容的な反応は和らげられるだろう。国内ならびに海外の平和は、民主主義のあらゆる構想と拡張形態の大きな利益である。公式に、もしくは潜在的に統治された状態にある巨大なデモスの集団は、一般的には平和状態で繁栄するし、紛争、混迷、混乱のうちにあって平和を希求するだろう。

訳者あとがき――民主主義に未来はあるか

　この原稿を書いている現在、合衆国大統領に二度目の就任をしたドナルド・トランプは矢継ぎ早に大統領令に署名をしている。米国籍の出生地主義への制限、メキシコ国境の非常事態宣言、大規模な関税といった排外主義的な政策、実質的には反トランプ的な人員を排除することを狙ったとおぼしき政府機関の大幅な人員の削減、ＤＥＩ（多様性・公平性・包摂性）の取り組み廃止、性別を男女の二つだけだとすることとトランスジェンダーの排除、世界保健機関（ＷＨＯ）からの脱退やパリ協定からの離脱など、国際協力による福祉や環境問題への対処からの撤退、いっぽうでは二〇二一年の議会襲撃に参加したトランプ支持者への恩赦……。

　大統領令はそのまま有効になるわけではなく、それが実行される（または実行をはばむ）ためには議会や法廷での闘争が待ち受けており、それ自体が民主主義的なプロセスではある。だが、たとえばDEIの取り組み廃止に関しては、さっそくマクドナルド、ウォルマート、メタ、アマゾン、ディズニーといった大企業がDEI取り組みを見直すというかたちで、影響を及ぼしている。これは、企業による多様性推進が、人権平等の理念ではなく、しょせんは商業的な配慮にすぎなかったことを明らかにしたとも言える。だがこれらの大統領令は、人類が二〇〇〇年、いや本書の歴史的なパースペクティヴに立てば、人類史を通して培ってきた民主主義的な価値を一夜にしてひっくり返すようにみえた。つまり、弱者も含めたあらゆる人に、政治／統治に関する発言権を拡張していくという価値が一息に吹き消されるかにみえたのである。

いっぽうで、世界ではロシアによるウクライナ侵略と、イスラエルによるパレスチナへの攻撃と虐殺が継続されている。日本国内に目を向ければ、パワーハラスメントで失職したはずの県知事が、インターネット上で情報のバブルをつくり出すという手法で再選をはたすといったことが起きている。このすべての背景には、事実にもとづいて政策を熟議することの真っ向からの否定、つまり熟議ではなく固定的な立場どうしの衝突と、その立場を擁護するためなら事実の真実性は一顧だにしないような風潮が横たわっている。

民主主義の危機という言葉は何度も口にされてきたが、世界規模で民主主義がここまでの危機に陥った瞬間は、先の世界大戦以降ではなかっただろう。現在の危機は、たとえば二〇〇一年の九・一一後よりも、社会の深いところで民主主義が蝕まれているという意味でより深刻だと感じられる。民主主義とは多数決のことではなく、情報とその真正性にもとづいた熟議のことである。その根本がどうしようもなく掘り崩されている感覚が、ここまで述べたすべてにはあるのだ。というのは非常に西洋ならびに先進国中心的な見方であり、世界ではつねに――専制のためであれ、戦争や内戦のためであれ――民主主義が無効になっている地域が存在しつづけてきたことは強調されるべきではあるものの。

ナオミ・ザックと哲学の社会性

そのような危機的状況において本書を訳出することは、非常に意義深いと確信するのと同時に、緊張を強いられることでもある。本書は、Naomi Zack, *Democracy: A Very Short Introduction*（Oxford: Oxford University Press, 2023）の全訳である。原題の副題にあるとおり、本書はオクスフォード大学出版局の著名な A Very Short Introduction シリーズの一冊だが、まず述べておかなければならないのは、このシリーズからは二〇〇二年に同じタイトルのものが、イギリスの政治学者バーナード・クリックの著で出版されていることだ（添谷育志・金田耕一訳『デモクラシー』岩波書店、二〇〇四年）。

すでに述べたとおり、二〇一〇年代後半から二〇二〇年代にかけて、民主主義をめぐる状況は大きく変化した。民主主義をタイトルに冠する入門書にアップデートが求められるのは必然だったと言えるだろう。ザックの『民主主義』はクリック版の『デモクラシー』を、現代の状況に合わせてアップデートしようという明確な意図のもとに書かれたと推測できる。そして、先述のごとく危機に陥った民主主義の概念と実践を再生すべき新たな入門書の書き手がナオミ・ザックであることにも、相当の必然性がある。

ナオミ・ザックは現在ニューヨーク市立大学リーマン校の哲学教授である。一九七〇年にコロンビア大学で博士号を取った後は、一九九〇年に学界での活動を開始しているというキャリアの持ち主である。その仕事は人種と民族、そしてジェンダーやフェミニズムを主題としてきた。いずれも九〇年代以降の人文学や社会科学において重要であった社会・政治的な論題だ。多数の著作があるが、代表的と思しいものを列挙しておく。

・*Thinking about Race*（Belmont, CA: Thomson Wadsworth, 1998; second edition 2006）
・*Inclusive Feminism: A Theory of the Third Wave*（Lanham: Rowman & Littlefield, 2005）
・*Ethics for Disaster*（Lanham: Rowman & Littlefield, 2009; second edition 2023）〔髙橋隆雄監訳『災害の倫理——災害時の自助・共助・公助を考える』勁草書房、二〇二〇年〕
・*The Ethics and Mores of Race: Equality after the History of Philosophy*（Lanham: Rowman & Littlefield, 2011）
・*White Privilege and Black Rights: The Injustice of US Police Racial Profiling and Homicide*（Lanham: Rowman & Littlefield, 2015）
・*Philosophy of Race: An Introduction*（Cham: Palgrave Macmillan, 2018; second edition 2023）
・*Democracy: A Very Short Introduction*（Oxford: Oxford University Press, 2023）〔本書〕

・*Intersectionality: A Philosophical Framework*（Oxford: Oxford University Press, 2024）

このとおり、本書を除いてこれまで日本語に訳されているのは『災害の倫理』のみであり、これはザックの仕事全体のなかでは比較的に傍流の――とはいえ二〇二一年には『新型コロナウイルス感染症のアメリカ的悲劇』という本も書いているので、重要な傍流ではあるが――ものである。本流はやはり、人種主義を哲学的に考究する著作であり、それらは哲学でありつつも、社会と政治にしっかりと根を張ったものである。

たとえば二〇一五年の『白人特権と黒人の権利』は、二〇一二年のトレイボン・マーティン殺害事件に端を発して二〇一三年から拡散された #BlackLivesMatter のハッシュタグ運動、翌二〇一四年のエリック・ガーナーならびにマイケル・ブラウン殺害事件といった、続発する白人警官による黒人の殺害事件に応答したものである。この著作は「白人特権」や「黒人の権利」を概念として磨き上げることによって現実に介入しようとするものであり、概念を彫琢するという哲学の本道を、現実社会の変革に結びつけようとするザックの仕事の精髄を表現しているだろう。この著作の後にはブラック・ライヴズ・マター運動が大きな広がりをみせ、二〇二〇年のジョージ・フロイド殺害事件に端を発する全国的なデモと暴動につながったことは言うまでもない。ザックの仕事はそのような社会の流れの重要な結節点にある。

概念と構想と歴史

本書『民主主義』は、そのようなザック自身の哲学者としての仕事を二重の意味で反映したものである。

第一に、ザックは民主主義を論じるにあたって、思想家の理念や概念史（哲学史）を論じるにとどまることはない。もちろん、思想が民主主義の発展と変遷に対して力を持たなかったということではないが、現実の民主主義の歴史は思想以外のさまざまな諸力によってもつくりあげられてきたのである。その諸力には人間の意図的な努力も含まれれば、歴史の力としか言いようのない非人格的な力も含まれる。ザックが古代から現代までの民主主義の歴史を論じる際には、そのような思想と歴史の現実とのダイナミックな関係がつねに意識されており、それは現代の人種主義と格闘する哲学者としてのザックの経験に根ざしたものであろうと推測される。ザック自身の人種主義やフェミニズムをめぐる「思想」もまた、そのように歴史のなかにあるものとして実践されてきたのだ。エドワード・サイードであれば「世俗的」と呼んだであろうような、社会の諸力のなかで制限を受けつつ影響を与えもする「思想」のあり方だ。

ザックが第1章で民主主義の「概念（concept）」と「構想（conception）」という区別を導入するのは、まさにそのような関係を記述するためである。抽象性の高い「概念」としての民主主義を、より具体的な実践や制度を視野に入れた構想としての民主主義／民主制と区別することで、ザックは民主主義の思想の「世俗的」なありようを記述しようとしている。それに関して、ここで democracy の訳語について述べておくと、訳注で述べたとおり、本書では「デモクラシー」という訳語は避け、「民主主義」「民主制」「民主主義国」といったかたちで訳し分けた。Democracyという英語は、抽象的な理念（民主主義）からより実践的な体制（民主制や大衆支配、または民主主義国家）までを表現しうる。デモクラシーとカタカナにすれば、たしかにそれを包括的に表現できるが、こんどは逆に、ザックが重視しているような理念と実践（もしくは構想）との区別がかき消されてしまう。そこで、デモクラシーという訳語は避けて訳し分けることにした。

本書の第2章以降は、古代から中世、そして近現代へと比較的単線的な歴史をたどっているようにみえるが、この「歴史」はそのような、思想＝概念と実践＝構想とのあいだのダイナミックな関係としての歴史であることが理解されるべきである。

終わりなき包摂としての民主主義

本書に反映されたザックの仕事のもうひとつの側面もまた、一見単線的にみえる「歴史」にかかわるものだ。すなわちそれは、民主主義の西洋中心・白人中心・男性中心的な要素をつねに点検して、民主主義をより包摂的《インクルーシヴ》なものにしていく指向性である。

古代の民主主義を扱う第2章は、当然にアテナイやローマを扱いつつも、現在の中東地域やエジプトに存在した民主主義が強調され、中世とルネサンスを扱う第3章では、イングランドだけではなく北欧、フランス、ドイツ、イタリア、そしてさらには中東、アフリカ、メキシコなどに存在した民主主義が指摘される。

その後、当然ながら啓蒙思想とその影響下でのフランス革命、アメリカ独立戦争という標準的な歴史が語られはするものの、それらの限界を指摘するかたちで、第6章では社会のなかの進歩主義（progressivism）が論じられる。進歩主義とは、この場合、奴隷の解放から有色人種への選挙権や市民権の拡張、そしてそれらの権利の女性、そして労働者階級への拡張の運動のことである。この進歩主義は、二〇世紀後半の市民権運動やフェミニズム、労働運動へとつながっていくことになる。その限りにおいて、少なくとも二〇世紀後半まで、私たちは権利のあらゆる人への拡張という意味での民主主義の進歩を目にしていた。ザックによる民主主義の世界史は、そのような民主主義の進展を民主主義的に記述したもの、つまり民主主義そのものが及ぶ人びとの範囲をつねに拡張していくかたちで記述したものである。

だが、冒頭で述べたとおり、そのような進歩と拡張は二一世紀に入って一気に反転してしまったようにも思える。民主主義の成果は排外主義的なポピュリズムに簒奪され、トランプ政権下で一気に掘り崩されているようにみえる。もちろん、私は眼の前の展開に気を取られて悲観的になりすぎているのかもしれない。たとえば経済学者のトマ・ピケティが述べるように、長い目でみれば人類は平等に向けた歩みを止めていないと信じるべきなのかもしれない（マイケル・サンデルとの対談『平等について、いま話したいこと』〔早川書房、二〇二五年〕などを参照）。だがどうしても悲観を止められないのは、私だけだろうか。

そのような現在であるからこそ、民主主義の理念と実践の両方を練り直すことは絶対的に必要だ。ポスト・トゥルースの風潮を押しとどめ、事実と知識にもとづいた政策の選択を、一部のエリートだけではなく民衆《デモス》ができるようになることが、絶対に必要なのである。本書は小冊の入門書であるにもかかわらず、そのような広く深刻な問いに開かれたものだ。本書の結論はその問いに向かっていく。ザックがいかなる結論を提示しているかについては本文をお読みいただければと思うが、本書から受け取った問いに、言葉のうえでも実践のうえでもどう応えていくのか、それは私たちみなの双肩にかかった課題なのである。

本書はフリー編集者の勝康裕氏の企画提案と編集で実現した。記して感謝したい。あわせて、編集に携わってくださった白水社の竹園公一朗氏にも感謝したい。

二〇二五年二月

河野　真太郎

附　録

「合衆国権利章典」（一七八九年）　一七九一年一二月一五日、各州により批准

前文

合衆国議会は、一七八九年三月四日水曜日、ニューヨーク市で開会され開催された。

多くの州の会議は、憲法を採択した際、その権限の誤解や乱用を防ぐために、さらなる宣言的および制限的な条項を追加すべきであるとの要望を表明した。そして、政府に対する国民の信頼の基盤を拡大することで、政府の諸機関の有益な目的をもっとも確実にすることができるであろう。

アメリカ合衆国議会の上院および下院は、両院の三分の二の賛成により、合衆国憲法の修正案として以下の条項を各州の立法府に提案し、これらの条項のすべてまたはいずれかが、当該立法府の四分の三によって

批准された場合、当該憲法の一部として、あらゆる意図および目的において有効とすることを決議する。
連邦議会が提案し、原憲法の第五条にしたがって各州の立法府が批准した、アメリカ合衆国憲法の追加条項および修正条項。

修正第一条〔政教分離、信教及び表現の自由、請願の権利〕 合衆国議会は、国教を樹立する法律もしくは自由な宗教活動を禁止する法律、または言論もしくは出版の自由または人民が平穏に集会し、不平の解消を求めて政府に請願する権利を奪う法律を制定してはならない。

修正第二条〔武器の保有権〕 よく規律された民兵は、自由な国家の安全にとって必要であるから、人民が武器を保有し携帯する権利は、これを侵してはならない。

修正第三条〔兵士宿営の制限〕 平時においては、所有者の同意なく、兵士を家屋に宿営させてはならない。また戦時においても、法律の定める方法による場合を除くほか、同様とする。

修正第四条〔不合理な捜索、逮捕、押収の禁止〕 不合理な捜索及び逮捕または押収から、その身体、家屋、書類及び所有物の安全を保障される人民の権利は、これを侵してはならない。宣誓または確約によって証拠付けられた相当の理由に基づくものであって、捜索すべき場所及び逮捕すべき人または押収すべき物件を特定して記載するものでなければ、いかなる令状も発してはならない。

修正第五条〔大陪審による審理、二重の危険の禁止、自己負罪拒否権、適正手続、財産権〕 何人も、大陪審による告発または起訴によらなければ、死刑に当たる罪またはその他不名誉な重罪について、その責を負わない。ただし、陸海軍において生じた事件、または戦争もしくは公共の危機に際して、現に軍務に就いている民兵において生じた事件は、この限りではない。何人も、同一の犯罪のために、重ねてその生命または身体を危険に曝されない。何人も、刑事事件において、自己に不利な証人になることを強制されない。何人も、法の適正な手続によらずに、生命、自由または財産を奪われない。何人も、正当な補償なく、私有する財産を公共の用のために徴収されない。

修正第六条〔陪審の審理、迅速かつ公開の裁判、刑事被告人の権利〕　すべての刑事上の訴追において、被告人は、犯罪が行われた州の当該地区（地区は予め法律により確定しなければならない）の公平な陪審による迅速かつ公開の審理を受ける権利を有する。被告人は、嫌疑の性質及び理由について告知を受け、自己に不利な証人に対面して尋問を行い、自己に有利な証人を得るために強制手続をとり、及び自己の防御のために弁護人の援助を受ける権利を有する。

修正第七条〔民事事件における陪審の審理〕　コモン・ロー上の訴訟において、訴額が二〇ドルを超えるときは、陪審による審理を受ける権利が保障されなければならない。陪審により設定された事実は、コモン・ローの準則に基づく場合を除き、合衆国のいかなる裁判所においても、再審理されてはならない。

修正第八条〔残虐で異常な刑罰の禁止〕　過大な額の保釈金を要求し、または過大な額の罰金を科してはならない。残虐で異常な刑罰は、これを科してはならない。

修正第九条〔人民が保有するその他の権利〕　この憲法において一定の権利を列挙したことをもって、人民が保有するその他の権利を否定し、または軽視したものと解釈してはならない。

修正第一〇条〔州及び人民が留保する権限〕　この憲法により、合衆国に委任されず、または州が行使することが禁じられていない権限は、各州または人民に留保される。

〔邦訳は、土井真一「アメリカ」高橋和之編『新版　世界憲法集』第二版（岩波文庫、二〇一二年）、七五〜七八頁による〕。

「人および市民の権利の宣言」（一七八九年）

フランス国民議会

国民議会へと構成されたフランス人民の代表者は、人の諸権利についての無知、忘却または軽視が公衆の不幸と政府の腐敗の唯一の原因であると考え、人の自然的で不可譲かつ神聖な諸権利を一つの厳粛な宣言において提示することを決議したが、それは、この宣言が、社会体のすべての構成員の心に常に存在し、彼らに絶えずその権利と義務を想起させんがためにであり、また、立法権や執行権の諸行為が、その都度あらゆる政治制度の目的と比べ合せられることが可能となって、より一層尊重されるようになるためであり、また、市民の諸要求が、今後簡明で異論の余地なき原則に基礎づけられて、常に憲法の維持と全員の幸福に向かうようになるためにである。

それゆえに、国民議会は、至高の存在の面前で、かつ、その庇護の下に、人および市民の以下の諸権利を承認し宣言する。

第一条〔自由と権利における平等〕　人は、自由で権利において平等なものとして生まれ、かつ、自由で権利において平等なものであり続ける。社会的差別は、共同の利益に基づいてしか行うことができない。

第二条〔政治社会の目的と自然権の内容〕　あらゆる政治社会形成の目的は、人の自然的で時効消滅することのない権利の保全である。その権利とは、自由、所有権、安全、圧政への抵抗である。

第三条〔国民主権〕　あらゆる主権の淵源は、本質的に国民に存する。いかなる集団も個人も、国民から明示的に発したのでない権力を行使することはできない。

第四条〔自然権の限界と法律の留保〕　自由は、他人を害しない一切のことをなしうることに存する。したがって、各人の自然的権利の行使は、同じ権利の享受を他の社会構成員に保障すること以外の限界をもたない。その限界は、法律によってのみ定めることができる。

第五条〔法律の権限範囲〕　法律は、社会に有害な行為しか禁止する権利をもたない。法律により禁止されていないことは一切妨げられてはならず、誰も法律が命じていないことをするよう強制されてはならない。

第六条〔法律の本質と立法等への平等な参与〕　法律は、一般意思の表明である。すべての市民が、自らもしくは代表者を通じて、その定立に参与する権利をもつ。法律は、保護するにせよ処罰するにせよ、すべての者に対して同一でなければならない。すべての市民は、法律の眼には平等であり、その能力に従い、かつ、その徳性および才能によるもの以外の差別をされることなく、平等に一切の公的な位階、地位、職に就くことができる。

第七条〔法律に基づく拘束・処罰〕　何人も、法律が定める場合、かつ、法律が命ずる形式に従うのでなければ、訴追も逮捕も拘禁もされてはならない。恣意的な命令を懇請し、発令し、執行し、あるいは、執行させた者は、処罰されねばならない。しかし、法律の名において召喚され、あるいは、逮捕された市民は誰も、即座に従わねばならない。抵抗すれば罰を犯したことになる。

第八条〔罪刑法定主義〕　法律は、厳格かつ明白に必要な刑罰しか定めてはならず、また、何人も、犯罪行為の前に制定、公布され、適法に適用された法律によってしか処罰されてはならない。

第九条〔無罪の推定と過酷な扱いの禁止〕　人はすべて有罪と宣告されるまでは無罪と推定されるのであり、逮捕することがどうしても必要と判定された場合でも、その身柄を確保するために必要ではないような過酷な扱いは一切、法律により厳しく抑制されねばならない。

第一〇条〔意見の自由〕　何人も、その意見のゆえに、たとえ宗教的意見であっても、その表明が法律の定める公の秩序を乱すものでない限りは、不安にさせてはならない。

第一一条〔表現の自由〕　思想と意見の自由な伝達は、人の最も貴重な権利の一つである。ゆえに、すべての市民は、自由に語り、書き、出版することができる。ただし、法律の定める場合には、この自由の濫用に責任を負わねばならない。

第一二条〔公的強制力による権利の保障〕　人および市民の権利の保障には、公的な強制力が必要である。この強制力は、ゆえに、全員の利益のために設置されるのであり、その委託を受ける者の私的な利益のためではない。

第一三条〔公的負担の平等〕　公的強制力の維持のため、および、行政の諸費用のために、共同の分担金が不可欠である。それは、全市民の間に、その能力に応じて平等に配分されなければならない。

第一四条〔公的負担の決定への参加〕　すべての市民は、自身であるいは代表者を通じて、公的分担金の必要性を確認し、それに自由に同意し、その使途を見守り、かつ、その分担割合、標準、取り立ておよび存続期間につき決定する権利を有する。

第一五条〔行政の説明責任〕　社会は、すべての官吏に対し、その行政につき釈明を求める権利をもつ。

第一六条〔権利保障と権力分立〕　権利の保障が確かでなく、権力分立も定められていないような社会はすべて、憲法をもつものではない。

第一七条〔所有権の不可侵と正当保障〕　所有権は不可侵かつ神聖な権利であり、何人も、適法に確定された公的必要性がそれを明白に要請する場合で、かつ、事前の正当な保障の条件のもとでなければ、その権利を奪われてはならない。

〔邦訳は、高橋和之「フランス」高橋和之編『新版　世界憲法集』第二版（岩波文庫、二〇一二年）、三三七〜三四一頁による〕

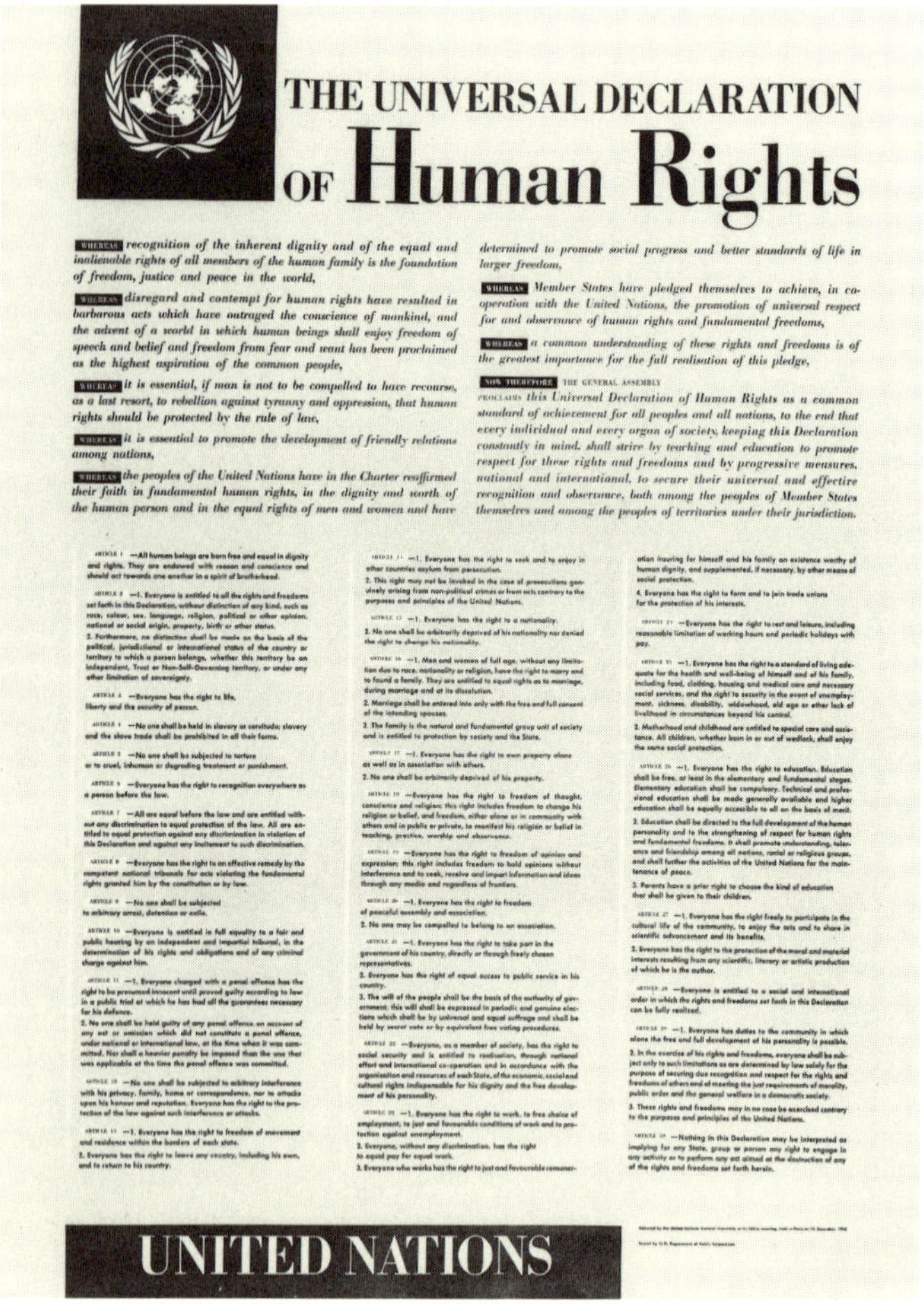

THE UNIVERSAL DECLARATION OF Human Rights

WHEREAS *recognition of the inherent dignity and of the equal and inalienable rights of all members of the human family is the foundation of freedom, justice and peace in the world,*

WHEREAS *disregard and contempt for human rights have resulted in barbarous acts which have outraged the conscience of mankind, and the advent of a world in which human beings shall enjoy freedom of speech and belief and freedom from fear and want has been proclaimed as the highest aspiration of the common people,*

WHEREAS *it is essential, if man is not to be compelled to have recourse, as a last resort, to rebellion against tyranny and oppression, that human rights should be protected by the rule of law,*

WHEREAS *it is essential to promote the development of friendly relations among nations,*

WHEREAS *the peoples of the United Nations have in the Charter reaffirmed their faith in fundamental human rights, in the dignity and worth of the human person and in the equal rights of men and women and have determined to promote social progress and better standards of life in larger freedom,*

WHEREAS *Member States have pledged themselves to achieve, in co-operation with the United Nations, the promotion of universal respect for and observance of human rights and fundamental freedoms,*

WHEREAS *a common understanding of these rights and freedoms is of the greatest importance for the full realisation of this pledge,*

NOW THEREFORE THE GENERAL ASSEMBLY

PROCLAIMS *this Universal Declaration of Human Rights as a common standard of achievement for all peoples and all nations, to the end that every individual and every organ of society, keeping this Declaration constantly in mind, shall strive by teaching and education to promote respect for these rights and freedoms and by progressive measures, national and international, to secure their universal and effective recognition and observance, both among the peoples of Member States themselves and among the peoples of territories under their jurisdiction.*

ARTICLE 1 —All human beings are born free and equal in dignity and rights. They are endowed with reason and conscience and should act towards one another in a spirit of brotherhood.

ARTICLE 2 —1. Everyone is entitled to all the rights and freedoms set forth in this Declaration, without distinction of any kind, such as race, colour, sex, language, religion, political or other opinion, national or social origin, property, birth or other status.

2. Furthermore, no distinction shall be made on the basis of the political, jurisdictional or international status of the country or territory to which a person belongs, whether this territory be an Independent, Trust or Non-Self-Governing territory, or under any other limitation of sovereignty.

ARTICLE 3 —Everyone has the right to life, liberty and the security of person.

ARTICLE 4 —No one shall be held in slavery or servitude; slavery and the slave trade shall be prohibited in all their forms.

ARTICLE 5 —No one shall be subjected to torture or to cruel, inhuman or degrading treatment or punishment.

ARTICLE 6 —Everyone has the right to recognition everywhere as a person before the law.

ARTICLE 7 —All are equal before the law and are entitled without any discrimination to equal protection of the law. All are entitled to equal protection against any discrimination in violation of this Declaration and against any incitement to such discrimination.

ARTICLE 8 —Everyone has the right to an effective remedy by the competent national tribunals for acts violating the fundamental rights granted him by the constitution or by law.

ARTICLE 9 —No one shall be subjected to arbitrary arrest, detention or exile.

ARTICLE 10 —Everyone is entitled in full equality to a fair and public hearing by an independent and impartial tribunal, in the determination of his rights and obligations and of any criminal charge against him.

ARTICLE 11 —1. Everyone charged with a penal offence has the right to be presumed innocent until proved guilty according to law in a public trial at which he has had all the guarantees necessary for his defence.

2. No one shall be held guilty of any penal offence on account of any act or omission which did not constitute a penal offence, under national or international law, at the time when it was committed. Nor shall a heavier penalty be imposed than the one that was applicable at the time the penal offence was committed.

ARTICLE 12 —No one shall be subjected to arbitrary interference with his privacy, family, home or correspondence, nor to attacks upon his honour and reputation. Everyone has the right to the protection of the law against such interference or attacks.

ARTICLE 13 —1. Everyone has the right to freedom of movement and residence within the borders of each state.

2. Everyone has the right to leave any country, including his own, and to return to his country.

ARTICLE 14 —1. Everyone has the right to seek and to enjoy in other countries asylum from persecution.

2. This right may not be invoked in the case of prosecutions genuinely arising from non-political crimes or from acts contrary to the purposes and principles of the United Nations.

ARTICLE 15 —1. Everyone has the right to a nationality.

2. No one shall be arbitrarily deprived of his nationality nor denied the right to change his nationality.

ARTICLE 16 —1. Men and women of full age, without any limitation due to race, nationality or religion, have the right to marry and to found a family. They are entitled to equal rights as to marriage, during marriage and at its dissolution.

2. Marriage shall be entered into only with the free and full consent of the intending spouses.

3. The family is the natural and fundamental group unit of society and is entitled to protection by society and the State.

ARTICLE 17 —1. Everyone has the right to own property alone as well as in association with others.

2. No one shall be arbitrarily deprived of his property.

ARTICLE 18 —Everyone has the right to freedom of thought, conscience and religion; this right includes freedom to change his religion or belief, and freedom, either alone or in community with others and in public or private, to manifest his religion or belief in teaching, practice, worship and observance.

ARTICLE 19 —Everyone has the right to freedom of opinion and expression; this right includes freedom to hold opinions without interference and to seek, receive and impart information and ideas through any media and regardless of frontiers.

ARTICLE 20 —1. Everyone has the right to freedom of peaceful assembly and association.

2. No one may be compelled to belong to an association.

ARTICLE 21 —1. Everyone has the right to take part in the government of his country, directly or through freely chosen representatives.

2. Everyone has the right of equal access to public service in his country.

3. The will of the people shall be the basis of the authority of government; this will shall be expressed in periodic and genuine elections which shall be by universal and equal suffrage and shall be held by secret vote or by equivalent free voting procedures.

ARTICLE 22 —Everyone, as a member of society, has the right to social security and is entitled to realisation, through national effort and international co-operation and in accordance with the organisation and resources of each State, of the economic, social and cultural rights indispensable for his dignity and the free development of his personality.

ARTICLE 23 —1. Everyone has the right to work, to free choice of employment, to just and favourable conditions of work and to protection against unemployment.

2. Everyone, without any discrimination, has the right to equal pay for equal work.

3. Everyone who works has the right to just and favourable remuneration insuring for himself and his family an existence worthy of human dignity, and supplemented, if necessary, by other means of social protection.

4. Everyone has the right to form and to join trade unions for the protection of his interests.

ARTICLE 24 —Everyone has the right to rest and leisure, including reasonable limitation of working hours and periodic holidays with pay.

ARTICLE 25 —1. Everyone has the right to a standard of living adequate for the health and well-being of himself and of his family, including food, clothing, housing and medical care and necessary social services, and the right to security in the event of unemployment, sickness, disability, widowhood, old age or other lack of livelihood in circumstances beyond his control.

2. Motherhood and childhood are entitled to special care and assistance. All children, whether born in or out of wedlock, shall enjoy the same social protection.

ARTICLE 26 —1. Everyone has the right to education. Education shall be free, at least in the elementary and fundamental stages. Elementary education shall be compulsory. Technical and professional education shall be made generally available and higher education shall be equally accessible to all on the basis of merit.

2. Education shall be directed to the full development of the human personality and to the strengthening of respect for human rights and fundamental freedoms. It shall promote understanding, tolerance and friendship among all nations, racial or religious groups, and shall further the activities of the United Nations for the maintenance of peace.

3. Parents have a prior right to choose the kind of education that shall be given to their children.

ARTICLE 27 —1. Everyone has the right freely to participate in the cultural life of the community, to enjoy the arts and to share in scientific advancement and its benefits.

2. Everyone has the right to the protection of the moral and material interests resulting from any scientific, literary or artistic production of which he is the author.

ARTICLE 28 —Everyone is entitled to a social and international order in which the rights and freedoms set forth in this Declaration can be fully realized.

ARTICLE 29 —1. Everyone has duties to the community in which alone the free and full development of his personality is possible.

2. In the exercise of his rights and freedoms, everyone shall be subject only to such limitations as are determined by law solely for the purpose of securing due recognition and respect for the rights and freedoms of others and of meeting the just requirements of morality, public order and the general welfare in a democratic society.

3. These rights and freedoms may in no case be exercised contrary to the purposes and principles of the United Nations.

ARTICLE 30 —Nothing in this Declaration may be interpreted as implying for any State, group or person any right to engage in any activity or to perform any act aimed at the destruction of any of the rights and freedoms set forth herein.

UNITED NATIONS

「世界人権宣言」（一九四八年一二月一〇日　第三回国連総会採択）

前文

人類社会のすべての構成員の固有の尊厳と平等で譲ることのできない権利とを承認することは、世界における自由、正義及び平和の基礎であるので、

人権の無視及び軽侮が、人類の良心を踏みにじった野蛮行為をもたらし、言論及び信仰の自由が受けられ、恐怖及び欠乏のない世界の到来が、一般の人々の最高の願望として宣言されたので、

人間が専制と圧迫とに対する最後の手段として反逆に訴えることがないようにするためには、法の支配によって人権を保護することが肝要であるので、

諸国間の友好関係の発展を促進することが肝要であるので、

国際連合の諸国民は、国連憲章において、基本的人権、人間の尊厳及び価値並びに男女の同権についての信念を再確認し、かつ、一層大きな自由のうちで社会的進歩と生活水準の向上とを促進することを決意したので、

加盟国は、国際連合と協力して、人権及び基本的自由の普遍的な尊重及び遵守の促進を達成することを誓約したので、

これらの権利及び自由に対する共通の理解は、この誓約を完全にするためにもっとも重要であるので、

よって、ここに、国連総会は、

社会の各個人及び各機関が、この世界人権宣言を常に念頭に置きながら、加盟国自身の人民の間にも、また、加盟国の管轄下にある地域の人民の間にも、これらの権利と自由との尊重を指導及び教育によって促進すること並びにそれらの普遍的措置によって確保することに努力するように、すべての人民とすべての国とが達成すべき共通の基準として、この人権宣言を公布する。

第一条
すべての人間は、生まれながらにして自由であり、かつ、尊厳と権利とについて平等である。人間は、理性と良心とを授けられており、互いに同胞の精神をもって行動しなければならない。

第二条
すべて人は、人種、皮膚の色、性、言語、宗教、政治上その他の意見、国民的もしくは社会的出身、財産、門地その他の地位又はこれに類するいかなる自由による差別をも受けることなく、この宣言に掲げるすべての権利と自由とを享有することができる。
さらに、個人の属する国又は地域が独立国であると、信託統治地域であると、非自治地域であると、又は他のなんらかの主権制限の下にあるとを問わず、その国又は地域の政治上、管轄上又は国際上の地位に基づくいかなる差別もしてはならない。

第三条
すべての人は、生命、自由及び身体の安全に対する権利を有する。

第四条
何人も、奴隷にされ、又は苦役に服することはない。奴隷制度及び奴隷売買は、いかなる形においても禁止する。

第五条
何人も、拷問又は残虐な、非人道的なもしくは屈辱的な取扱もしくは刑罰を受けることはない。

第六条
すべての人は、いかなる場所においても、法の下において、人として認められる権利を有する。

第七条
すべての人は、法の下において平等であり、また、いかなる差別もなしに法の平等な保護を受ける権利を有する。すべての人は、この宣言に違反するいかなる差別に対しても、また、そのような差別をそそのかすいかなる行為に対しても、平等な保護を受ける権利を有する。

第八条
すべての人は、憲法又は法律によって与えられた基本的権利を侵害する行為に対し、権限を有する国内裁判所による効果的な救済を受ける権利を有する。

第九条

何人も、ほしいままに逮捕、拘禁、又は追放されることはない。

第一〇条

すべての人は、自己の権利及び義務並びに自己に対する刑事責任が決定されるに当たって、独立の公平な裁判所による公平な公開の審理を受けることについて完全に平等の権利を有する。

第一一条

一、犯罪の訴追を受けた者は、すべて、自己の弁護に必要なすべての保障を与えられた公開の裁判において法律に従って有罪の立証があるまでは、無罪と推定される権利を有する。

二、何人も、実行の時に国内法又は国際法により犯罪を構成しなかった作為又は不作為のために有罪とされることはない。また、犯罪が行われた時に適用される刑罰より重い刑罰は課せられない。

第一二条

何人も、自己の私事、家族、家庭もしくは通信に対して、ほしいままに干渉され、又は名誉及び信用に対して攻撃を受けることはない。人はすべて、このような干渉又は攻撃に対して法の保護を受ける権利を有する。

第一三条

一、すべて人は、各国の境界内において自由に移転及び居住する権利を有する。
二、すべて人は、自国その他いずれの国をも立ち去り、及び自国に帰る権利を有する。

第一四条
一、すべて人は、迫害からの避難を他国に求め、かつ、これを他国で享有する権利を有する。
二、この権利は、非政治犯罪又は国際連合の目的及び原則に反する行為をもっぱら原因とする訴追の場合には、採用することはできない

第一五条
一、すべて人は、国籍をもつ権利を有する。
二、何人も、ほしいままにその国籍を奪われ、又はその国籍を変更する権利を否認されることはない。

第一六条
一、成年の男女は、人種、国籍又は宗教によるいかなる制限をも受けることなく、婚姻し、かつ家庭をつくる権利を有する。成年の男女は、婚姻中及びその解消に際し、婚姻に関し平等の権利を有する。
二、婚姻は、婚姻の意思を有する両当事者の自由かつ完全な合意によってのみ成立する。
三、家庭は、社会の自然かつ基礎的な集団単位であって、社会及び国の保護を受ける権利を有する。

第一七条

一、すべての人は、単独で又は他の者と共同して財産を所有する権利を有する。

二、何人も、ほしいままに自己の財産を奪われることはない。

第一八条

すべて人は、思想、良心及び宗教の自由を享有する権利を有する。この権利は、宗教又は信念を変更する自由並びに単独で又は他の者と共同して、公的に又は私的に、布教、行事、礼拝及び儀式によって宗教又は信念を表明する自由を含む。

第一九条

すべて人は、意見及び表現の自由を享有する権利を有する。この権利は、干渉を受けることなく自己の意見をもつ自由並びにあらゆる手段により、また、国境を越えると否とにかかわりなく、情報及び思想を求め、受け、及び伝える自由を含む。

第二〇条

一、すべて人は、平和的な集会及び結社の自由を享有する権利を有する。

二、何人も、結社に属することを強制されない。

第二一条

一、すべて人は、直接に又は自由に選出された代表者を通じて、自国の政治に参与する権利を有する。
二、すべて人は自国においてひとしく公務につく権利を有する。
三、人民の意思は、統治の権力の基礎とならなければならない。この意思は、定期のかつ真正な選挙によって表明されなければならない。この選挙は、平等の普通選挙によるものでなければならず、また、秘密投票又はこれと同等の自由が保障される投票手続によって行われなければならない。

第二二条

すべて人は、社会の一員として、社会保障を受ける権利を有し、かつ、国家的努力及び国際的協力により、また、各国の組織及び資源に応じて、自己の尊厳と自己の人格の自由な発展とに欠くことのできない経済的、社会的及び文化的権利の実現に対する権利を有する。

第二三条

一、すべて人は、労働し、職業を自由に選択し、公平かつ有利な労働条件を確保し、及び失業に対する保護を受ける権利を有する。
二、すべて人は、いかなる差別をも受けることなく、同等の労働に対し、同等の報酬を受ける権利を有する。
三、労働する者は、すべて、自己及び家族に対して人間の尊厳にふさわしい生活を保障する公平かつ有利な報酬を受け、かつ、必要な場合には、他の社会的保護手段によって補充を受けることができる。
四、すべて人は、自己の利益を保護するために労働組合を組織し、及びこれに加入する権利を有する。

第二四条
すべて人は、労働時間の合理的な制限及び定期的な有給休暇を含む休息及び余暇をもつ権利を有する。

第二五条
一、すべて人は、衣食住、医療及び必要な社会的施設等により、自己及び家族の健康及び福祉に十分な生活水準を保持する権利並びに失業、疾病、心身障害、配偶者の死亡、老齢その他不可抗力による生活不能の場合は、保障を受ける権利を有する。
二、母と子とは、特別の保護及び援助を受ける権利を有する。すべての児童は、嫡出であると否とを問わず、同じ社会的保護を享有する。

第二六条
一、すべて人は、教育を受ける権利を有する。教育は、少なくとも初等の及び基礎的の段階においては、無償でなければならない。初等教育は、義務的でなければならない。技術教育及び職業教育は、一般に利用できるものでなければならず、また、高等教育は、能力に応じ、すべての者にひとしく開放されていなければならない。
二、教育は、人格の完全な発展並びに人権及び基本的自由の尊重の教科を目的としなければならない。教育は、すべての国又は人種的もしくは宗教的集団の相互間の理解、寛容及び友好関係を増進し、かつ、平和の維持のため、国際連合の活動を促進するものでなければならない。

三、親は、子に与える教育の種類を選択する優先的権利を有する。

第二七条

一、すべて人は、自由に社会の文化生活に参加し、芸術を鑑賞し、及び科学の進歩とその恩恵とにあずかる権利を有する。

二、すべて人は、その創作した科学的、文学的又は美術的作品から生ずる精神的及び物質的利益を保護される権利を有する。

第二八条

すべて人は、この宣言に掲げる権利及び自由が完全に実現される社会的及び国際的秩序に対する権利を有する。

第二九条

一、すべて人は、その人格の自由かつ完全な発展がその中にあつてのみ可能である社会に対して義務を負う。

二、すべて人は、自己の権利及び自由を行使するに当たつては、他人の権利及び事由の正当な承認及び尊重を保障すること並びに民主的社会における道徳、公の秩序及び一般の福祉の正当な要求を満たすことをもっぱら目的として法律によって定められた制限にのみ服する。

三、これらの権利及び自由は、いかなる場合にも、国際連合の目的及び原則に反して行使してはならない。

第三〇条
この宣言のいかなる規定も、いずれかの国、集団又は個人に対して、この宣言に掲げる権利及び自由の破壊を目的とする活動に従事し、又はそのような目的を有する行為を行う権利を認めるものと解釈してはならない。

＊世界人権宣言（UDHR）は、人権の歴史における画期的な文書である。世界のあらゆる地域から集まった、法律的・文化的な背景の異なる代表者たちによって起草されたこの宣言は、一九四八年一二月一〇日、パリで開催された国連総会において、すべての人民とすべての国家に共通の達成基準として宣言された（総会決議二一七A）。普遍的に保護されるべき基本的人権が初めて規定され、五〇〇以上の言語に翻訳された。（原著者による附記）

〔邦訳は、United Nations Information Centre, Tokyo〈https://www.unic.or.jp/activities/humanrights/document/bill_of_rights/universal_declaration/〉による。ただし、あきらかな誤植は訂正した〕

*

索　引

［ア　行］
アイスランド　59
アクィナス，聖トマス（Aquinas, St. Thomas）　64–65
アクティヴィズム　21
アダムズ，ジョン（Adams, John）　97, 100–101
アテナイのクレイステネス（Cleisthenes of Athens）　36–38, 46–47
アパルトヘイト　154–157
アフリカ史　38
アフリカ民族会議（ANC: African National Congress）　153–156
アマルナ文書（Amarna Letters）　39
アメリカ独立革命（American Revolution）　93–101
　——に要求された権利　111–112
　——への批判　106–110
アリストテレス（Aristotle）　38, 40–41, 43–46, 49
　政治的徳　50–52
アルシング（Althing）　59
アレクサンダー大王（Alexander the Great）　40, 45–46
アーレント，ハンナ（Arendt, Hannah）　144–146, 156–157
アンソニー，スーザン・B（Anthony, Susan B.）　133–134
アントワネット，マリー（Antoinette, Marie）　93, 103
イスラエル　39–42
イスラーム（Islam）　62–63
イタリア
　第二次世界大戦中の——　143
　中世の——　61
一般意志　89
イロクォイ連合（Iroquois Confederacy）　135–136
イングランド内戦〔ピューリタン革命〕（English Civil War）　75, 111–112
インクルージョン　24–25, 114–115
印紙税法（Stamp Act）（1765 年）　96–97
インターセクショナリティ　21
インド　38–42, 151–152
　禁酒　132–133
　民主主義への脅威　162–163
陰謀論　173–178
『ヴィシュヌ・プラーナ（*Vishnu Purana*）』　42
ウィルソン，メアリ・エレン（Wilson, Mary Ellen）　113–114
ウィレム三世，オラニエ公〔ウィリアム三世，オレンジ公〕（William III of Orange）　81
ウェストファリア条約（Treaty of Westphalia）（1648 年）　23, 73–74
ヴェストファーレン，イェニー・フォン（Westphalen, Jenny von）　128
ヴェーバー，マックス（Weber, Max）　68

参考文献

各章で言及されている順。

第 1 章　民主主義について考える——理解のためのツール

Drew DeSilver, "Despite Global Concerns about Democracy, More than Half of Countries are Democratic," Fact Tank, Pew Research Center, May 14, 2019, 〈https://www.pewresearch.org/fact-tank/2019/05/14/more-than-half-of-countries-are-democratic/〉.

Bernard Crick, *Democracy: A Very Short Introduction*, Oxford: Oxford University Press, 2002〔バーナード・クリック／添谷育志・金田耕一訳『デモクラシー』岩波書店，2004 年〕.

Tom Christiano and Sameer Bajaj, "Democracy," *The Stanford Encyclopedia of Philosophy*（Fall 2021 Edition), Edward N. Zalta（ed.), 〈https://plato.stanford.edu/archives/fall2021/entries/democracy/〉.

Mark J. Rozell and Clyde Wilcox, *Federalism: A Very Short Introduction*, New York: Oxford University Press, 2019, pp. 92–7.

Brennan Center for Justice, "Voting Laws Roundup: February 2022," February 9, 2022, 〈https://www.brennancenter.org/our-work/research-reports/voting-laws-roundup-february-2022〉.

Walter Bagehot, *The English Constitution*, 1873, History of Economic Thought, 2nd ed., p. 13, 〈https://historyofeconomicthought.mcmaster.ca/bagehot/constitution.pdf〉〔ウォルター・バジョット／遠山隆淑訳『イギリス国制論』上下，岩波文庫，2023 年〕.

Amartya Sen, "Democracy and Its Global Roots: Why Democratization Is Not the Same as Westernization," *The New Republic*, October 4, 2003, pp. 28–35〔アマルティア・セン／東郷えりか訳「民主化が西洋化と同じではない理由」同『人間の安全保障』集英社新書，2006 年所収〕.

Jacques Rancière, *Hatred of Democracy*, trans. Steve Corcoran, London: Verso, 2007〔ジャック・ランシエール／松葉祥一訳『民主主義への憎悪』インスクリプト，2008 年〕.

第2章　古代世界の民主主義——ギリシャ，ローマ，そしてその後

Sviatoslav Dmitriev, *The Birth of the Athenian Community: From Solon to Cleisthenes*, London: Routledge, 2017.

Martin Bernal, *Black Athena: Afroasiatic Roots of Classical Civilization*, Volume II: *The Archaeological and Documentary Evidence*, New Brunswick, NJ: Rutgers University Press, 1991〔マーティン・バナール／金井和子訳『黒いアテナ——古典文明のアフロ・アジア的ルーツ』上下，藤原書店，2004～2005年〕.

Moses Hadas, "The Social Revolution in Third-Century Sparta," *Source: The Classical Weekly* 26, no. 9（December 12, 1932）: 65–8.

H. G. Frederickson, "Confucius and the Moral Basis of Bureaucracy," *Administration & Society* 33, no. 6（2002）: 610–28. doi:10.1177/0095399702336002

R. S. Sharma, *Aspects of Political Ideas and Institutions in Ancient India*, 3rd ed. Motilal Banarsidass, 1991.

Stephen Stockwell, "Before Athens: Early Popular Government in Phoenicia and Greek City-States," in Benjamin Isakhan and Stephen Stockwell, eds., *The Secret History of Democracy*, London: Palgrave Macmillan, 2011, pp. 35–48〔スティーヴン・ストックウェル「アテナイ以前——フェニキアの初期民衆政治とギリシアの都市国家」ベンジャミン・イサカーン，スティーヴン・ストックウェル編／猪口孝監修・田口未和訳『デモクラシーの世界史』東洋書林，2012年〕.

Plato, *Euthyphro*, trans. Benjamin Jowett, Project Gutenberg, 2008〈https://www.gutenberg.org/files/1642/1642-h/1642-h.htm〉sec. 15, e 4〔プラトン／朴一功・西尾浩二訳『エウテュプロン；ソクラテスの弁明；クリトン』京都大学学術出版会，2017年所収〕.

Plato, *The Republic*, trans. Benjamin Jowett, Project Gutenberg, 2017,〈https://www.gutenberg.org/files/55201/55201-h/55201-h.htm〉, Book 3, 410a and Book 7, 540, b-c〔プラトン／藤沢令夫訳『国家』改版，上下，岩波文庫，2008年〕.

Aristotle, *Nicomachean Ethics*, trans. W. D. Ross, The Internet Classics Archives,〈http://classics.mit.edu/Aristotle/nicomachaen.html〉〔アリストテレス／神崎繁訳『ニコマコス倫理学』内山勝利・神崎繁・中畑正志編集委員『アリストテレス全集15』岩波書店，2014年〕; *Politics*, trans. Benjamin Jowett, The Internet Classics Archives, Book 6, ch. 2 and Book 7, ch. 2, 1253 a, 1–5〔アリストテレス／神崎繁・相澤康隆・瀬口昌久訳『政治学』内山勝利・神崎繁・中畑正志編集委員『アリストテレス全集17』岩波書店，2018年所収〕.

Cicero, *On Obligations: De Officiis*, trans. P. G. Walsh, Oxford World's Classics, Reissue Edition, 2008, 20, 53〔キケロー／高橋宏幸訳『義務について』，『キケロー選集9 哲学Ⅱ』岩波書店，1999年所収〕; *De Re Publica*（*On the Republic*）, 1, 37, 38, 34〔キケロー／岡道男訳『国家について』，『キケロー選集8 哲学Ⅰ』

岩波書店，1999 年所収〕; *De Legibus*（*On the Laws*）, Loeb Classical Library No. 213, trans. Clinton W. Keyes, 1928/2000, I, 15〔キケロー／岡道男訳『法律について』，『キケロー選集 8 哲学 I』岩波書店，1999 年所収〕.

第 3 章　中世とルネサンス世界の民主主義

Magna Carta, Middle Ages and Renaissance, and specific locales in Seymour Martin Lipset, editor-in-chief, *The Encyclopedia of Democracy*, Washington, DC: Congressional Quarterly Inc., 1995, 4 vols〔「マグナ・カルタ」については，高木八尺・末延三次・宮沢俊義編『人権宣言集』岩波書店，1957 年所収の田中英夫訳・解説「一　イギリス」の項を参照〕.

David Schmidtz and Jason Brennan, *A Brief History of Liberty*, Malden, MA: Wiley-Blackwell, 2010.

John Kilcullen and Jonathan Robinson, "Medieval Political Philosophy," *The Stanford Encyclopedia of Philosophy*（Winter 2019 Edition）, Edward N. Zalta（ed.）, 〈https://plato.stanford.edu/archives/win2019/entries/medieval-political/〉.

John P. McCormick, "Addressing the Political Exception: Machiavelli's 'Accidents' and the Mixed Regime," *The American Political Science Review* 87, no. 4（1993）: 888–900. Accessed January 24, 2021. doi:10.2307/2938821.

UNESCO, "Manden Charter, Proclaimed in Kurukan Fuga," Intangible Cultural Heritage, 2009, 〈https://ich.unesco.org/en/RL/manden-charter-proclaimed-in-kurukan-fuga-00290〉.

Lizzie Wade, "It Wasn't just Greece: Archaeologists Find Early Democratic Societies in the Americas," *Science Magazine*, March 15, 2017, 〈https://www.sciencemag.org/news/2017/03/it-wasntjust-greece-archaeologists-find-early-democratic-societies-americas doi:10.1126/science.aal0905）〉.

M. Abdalla and H. Rane, "Behind a Veil: Islam's Democratic History," *Semantic Scholar*, 2011, 〈https://www.semanticscholar.org/paper/Behind-a-Veil%3A-Islam%E2%80%99s-Democratic-History-Abdalla-Rane/4e7afc73a0062132c54894e79156f92556e93883〉.

Jørgen Møller, "The Medieval Roots of Democracy," *Journal of Democracy* 26 no. 3（2015）: 110–23. *Project MUSE*, doi:10.1353/jod.2015.0042.

第 4 章　社会契約——統治される者たちの合意

Peter Ackroyd, *Rebellion: The History of England from James I to the Glorious Revolution*, New York: St. Martin's Press, 2014.

Thomas Hobbes, *Leviathan*, ed. Edwin Curley（with introduction and biographical material）, Indianapolis: Hackett, 2014, ch. XIII, ch. XXVI, 9, 13, ch. XVII, 7〔トマ

ス・ホッブズ／加藤節訳『リヴァイアサン』上下，ちくま学芸文庫，2022 年〕.

John Locke, *Second Treatise of Government*, in *Two Treatises of Government*, ed. W. S. Carpenter, Guernsey Press, 1924/1989, chs. V and XVIII〔ジョン・ロック／加藤節訳『完訳統治二論』岩波文庫，2010 年〕.

Jean-Jacques Rousseau, *The Social Contract and Other Later Political Writings*, ed. and trans. Victor Gourevitch, Cambridge: Cambridge University Press, 1997, ch. II, 6, ch. V, 28, ch. XIX, 222〔ジャン＝ジャック・ルソー／作田啓一訳『社会契約論』白水社，2010 年〕.

Robert Nozick, *Anarchy, State, and Utopia*, New York: Basic Books, 1974, pp. 174–5〔ロバート・ノージック／嶋津格訳『アナーキー・国家・ユートピア――国家の正当性とその限界』木鐸社，1992 年〕.

Jean-Jacques Rousseau, *The Social Contract and the First and Second Discourses*, ed. Susan Dunn, New Haven: Yale University Press, 2002〔ジャン＝ジャック・ルソー／作田啓一訳『社会契約論』白水社，2010 年；山路昭訳「学問芸術論」宮治弘之ほか訳『ルソー全集 第 4 巻』白水社，1978 年所収；原好男訳『人間不平等起源論』川出良枝選，原好男・竹内成明訳『起源』ルソー・コレクション，白水社，2012 年所収〕.

Arthur M. Melzer, *The Natural Goodness of Man: On the System of Rousseau's Thought*, Chicago: University of Chicago Press, 1990.

第 5 章　権利と革命――（排他的な）政治的平等

The Confessions of J. J. Rousseau, produced by David Widger, Gutenberg Files, 〈https://www.gutenberg.org/files/3913/3913-h/3913-h.htm〉, p. 357〔ジャン＝ジャック・ルソー／小林善彦訳『告白 第一部・第二部』同訳『ルソー全集 第 1 巻』白水社，1979 年所収；小林善彦訳『告白 第二部』（つづき）小林善彦ほか訳『ルソー全集 第 2 巻』白水社，1981 年所収〕.

US Library of Congress, "American Revolution: Resource Guide," 〈https://guides.loc.gov/american-revolution〉.

Gordon S. Wood, *The American Revolution: A History*, New York: Modern Library, 2002〔ゴードン・S・ウッド／中野勝郎訳『アメリカ独立革命』岩波書店，2016 年〕.

Friedrich Gentz, *The Origin and Principles of the American Revolution, Compared with the Origin and Principles of the French Revolution*, ed. Peter Koslowski, trans. John Quincy Adams, Asbury Dinkins: 1800/Indianapolis: Liberty Fund, 2012.

Jeremy D. Popkin, *A Short History of the French Revolution*, New York: Routledge, 7th ed. 2020.

Edmund Burke, *Reflections on the Revolution in France*, Anodos Books, UK, 2019; Proj-

ect Gutenberg, p. 15〔エドマンド・バーク／中野好之訳『フランス革命についての省察』上下，岩波文庫，2000 年〕.

Jean-Jacques Rousseau, *Reveries of the Solitary Walker*, V. ed. Colin Choat, 2022, 〈https://gutenberg.net.au/ebooks19/1900981h.html〉〔ジャン＝ジャック・ルソー／川出良枝選，佐々木康之訳『孤独な散歩者の夢想』ルソー・コレクション『孤独』白水社，2012 年所収〕

David Hackett Fischer, *Albion's Seed: Four British Folkways in America*, New York: Oxford University Press, 1989.

第 6 章　社会的進歩主義——社会における民主主義に向けて

Eric A. Shelman and Stephen Lazorwitz, *Out of the Darkness: The Story of Mary Ellen Wilson*, Dolphin Moon, 1999.

Margaret Meek Lange, "Progress," *The Stanford Encyclopedia of Philosophy*, Edward N. Zalta, ed., Winter 2019, 〈https://plato.stanford.edu/archives/win2019/entries/progress/〉.

Jeremy Bentham, *An Introduction to the Principles of Morals and Legislation*, 〈https://www.earlymoderntexts.com/assets/pdfs/bentham1780.pdf〉〔ジェレミー・ベンサム／中山元訳『道徳および立法の諸原理序説』上下，ちくま学芸文庫，2022 年〕.

John Stuart Mill, *The Collected Works of John Stuart Mill*, ed. J. M. Robson, 33 vols., Toronto: University of Toronto Press, London: Routledge and Kegan Paul, 1963–91, available at Liberty Fund, 〈https://oll.libertyfund.org/title/robson-collected-works of-john-stuart-mill-in-33-vols〉.

Mary Wollstonecraft, *Vindication of the Rights of Woman*, Enhanced Media, 1792/2014〔メアリ・ウルストンクラーフト／白井堯子訳『女性の権利の擁護——政治および道徳問題の批判をこめて』未來社，1980 年〕.

Karl Marx and Friedrich Engels, *Collected Works*, New York and London: International Publishers, 1975〔カール・マルクス，フリードリヒ・エンゲルス／ドイツ社会主義統一党中央委員会付属マルクス＝レーニン主義研究所編集，大内兵衛・細川嘉六監訳『マルクス＝エンゲルス全集』大月書店，1959～1991 年〕.

Renée Jacobs, "The Iroquois Great Law of Peace and the United States Constitution: How the Founding Fathers Ignored the Clan Mothers," *Am. Indian L. Rev*. 16, no. 497（1991）, 〈https://digitalcommons.law.ou.edu/ailr/vol16/iss2/5〉.

第 7 章　新たな民主主義体制と新たな民主主義の構想

Hannah Arendt, *Between Past and Future*, New York: Viking Press, 1961, pp. 234–5〔ハンナ・アーレント／引田隆也・齋藤純一共訳『過去と未来の間——政治思想

への 8 試論』みすず書房，1994 年〕.
John Rawls, *A Theory of Justice*, Chicago: University of Chicago Press, 1971〔ジョン・ロールズ／川本隆史・福間聡・神島裕子訳『正義論』改訂版，紀伊國屋書店，2010 年〕.
Amartya Sen, “Equality of What?,” in Sterling M. McMurrin, ed., *Tanner Lectures on Human Values*, Cambridge: Cambridge University Press, 1979, pp. 197–220〔アマルティア・セン／池本幸生・野上裕生・佐藤仁訳『不平等の再検討——潜在能力と自由』岩波現代文庫，2018 年，第 1 章「何の平等か」〕.
Mohandas Karamchand Gandhi, *The Essential Writings of Mahatma Gandhi*, ed. Raghavan Iyer, Delhi: Oxford University Press, 1991.
Ashutosh Varshney, “The Self-Correcting Mechanisms of Indian Democracy,” *Seminar*, Delhi, January 1995.
Juan Williams, *Eyes on the Prize: America's Civil Rights Movement, 1954–1965*, New York: Penguin, 1987/2013.
Leonard Thompson and Lynn Berat, *A History of South Africa*, New Haven: Yale University Press, 2012〔原著第 3 版からの邦訳は，レナード・トンプソン／宮本正興・吉國恒雄・峯陽一・鶴見直城訳『南アフリカの歴史【最新版】』明石書店，2009 年〕.

第 8 章　民主主義の未来——脅威とレジリエンス

Thomas G. Weiss, “The United Nations: Before, during and after 1945,” *International Affairs* 91, no. 6（November 2015）: 1221–35, DOI: 10.1111/1468–2346.12450〈https://www.researchgate.net/publication/284102686_The_United_Nations_Before_during_and_after_1945〉.
Steven Levitsky and Daniel Ziblatt, *How Democracies Die*, New York: Crown Publishing, 2018〔スティーブン・レビツキー，ダニエル・ジブラット／濱野大道訳『民主主義の死に方——二極化する政治が招く独裁への道』新潮社，2018 年〕.
Isaiah Berlin, “Two Concepts of Liberty,” 1958 Inaugural lecture as Chichele Professor of Social and Political Theory at Oxford University, in Isaiah Berlin, *Four Essays on Liberty*, Oxford: Oxford University Press, 1969. Accessed from〈https://www.aspeninstitute.org/wp-content/uploads/files/content/docs/BERLIN_TWO_CONCEPTS_OF_LIBERTY_（AS08).PDF〉〔アイザィア・バーリン／生松敬三訳「二つの自由概念」小川晃一ほか共訳『自由論』新装版，みすず書房，2018 年所収〕.
United Nations, “Universal Declaration of Human Rights,”〈https://www.un.org/en/about-us/universal-declaration-of-human-rights〉〔「世界人権宣言」（1948 年 12 月 10 日，第 3 回国連総会採択），邦訳は，United Nations Information Centre, Tokyo〈https://www.unic.or.jp/activities/humanrights/document/bill_of_rights/univers

al_declaration/〉に掲載されている〕.

Arthur F. Bentley, *The Process of Government: A Study of Social Pressures*, Chicago: University of Chicago Press, 1908〔A・F・ベントリー／喜多靖郎・上林良一訳『統治過程論——社会圧力の研究』法律文化社, 1994 年〕.

W. E. B. Du Bois, *The Philadelphia Negro: A Social Study*, Elijah Anderson, Introduction, Philadelphia: University of Pennsylvania Press, 1899/1996.

United Nations, "What is Human Security," Trust Fund for Human Security, 〈https://www.un.org/humansecurity/what-is-humansecurity/〉〔「人間の安全保障」については, 国際連合広報センター〈https://www.unic.or.jp/activities/human_security/〉を参照〕.

Brian L. Keeley, "Of Conspiracy Theories," *Journal of Philosophy* 96, no. 3 (March 1999): 109–26. 〈https://www.jstor.org/stable/2564659?seq=1〉.

Mark Fenster, *Conspiracy Theories: Secrecy and Power in American Culture*, Minneapolis: University of Minnesota Press, 1999/2008.

John Stuart Mill, *On Liberty*, Excerpts, 〈openmindplatform.org〉, p. 22, full text Project Gutenberg, 2011〔ジョン・スチュアート・ミル／関口正司訳『自由論』岩波文庫, 2020 年〕.

Karl Popper, "Karl Popper on Democracy," From the archives: the open society and its enemies revisited, *The Economist*, April 23, 1988/January 31, 2016, 〈https://www.economist.com/democracy-inamerica/2016/01/31/from-the-archives-the-open-society-and-itsenemies-revisited〉〔カール・ポパー／荒邦啓介・雨倉敏廣訳「民主制について——『開かれた社会とその敵』の再検討」加藤秀治郎・水戸克典編『議会政治——N・W・ポルスビー「立法府」K・R・ポパー「民主制について」収録』第 3 版, 慈学社出版, 2015 年所収〕.

Ted Piccone, "COVID–19 has Worsened a Shaky Rule of Law Environment," Brookings, April 15, 2021〈https://www.brookings.edu/blog/order-from-chaos/2021/04/20/covid-19-has-worseneda-shaky-rule-of-law-environment/?utm_campaign=brookings-〉.

訳　注

〔1〕democracy という英語については, 不可算名詞で理念を指す場合には「民主主義」, 可算名詞で統治の体制やその体制を取る国家を指す場合には「民主制」「民主主義国」と訳すことを原則とした。形容詞の democratic は「民主主義的な」に統一した。デモクラシーとカタカナで訳す慣行もあるが, その方法では原文の英語の可算／不可算の区別が表現できないため, 避けた。

〔2〕本書では concept を「概念」, conception を「構想」と訳し分ける。前者が抽象的で一般的なものであるとすれば, 後者はそれを具体的に実現したもの, もしくは実現するまではいかなくともある程度の具体性をもって「構想」したものと解釈できる。

〔3〕かつてはクセノポンの著作とされていた『アテナイ人の国制』の著者とされる人物。

〔4〕ファージング（Fathing）はイギリスの硬貨で，1 ファージングは当時の換算で 1 ペニーの 4 分の 1，もしくは 1 ポンドの 960 分の 1 に相当する通貨単位。1960 年，公的な通貨ではなくなった。

〔5〕イギリスの 1918 年の選挙法改正は 30 歳以上の女性に選挙権を認めるもので，完全な普通選挙権は 1928 年である。

さらに学びたい読者のために

第 1 章　民主主義について考える——理解のためのツール

Noam Chomsky, *Occupy*, London: Zuccotti Press/Penguin Press, 2012〔ノーム・チョムスキー／松本剛史訳『アメリカを占拠せよ！』ちくま新書，2012 年〕.

Kimberle Crenshaw, "Demarginalizing the Intersection of Race and Sex: A Black Feminist Critique of Antidiscrimination Doctrine, Feminist Theory and Antiracist Politics," *University of Chicago Legal Forum*: Vol. 1989: Iss. 1, Article 8. Available at: 〈http://chicagounbound.uchicago.edu/uclf/vol1989/iss1/8〉.

José L. Falguera, Concha Martínez-Vidal, and Gideon Rosen, "Abstract Objects," *The Stanford Encyclopedia of Philosophy*（Summer 2022 Edition), Edward N. Zalta (ed.), forthcoming 〈https://plato.stanford.edu/archives/sum2022/entries/abstract-objects/〉 and Dennis Earl, "The Classical Theory of Concepts," *Internet Encyclopedia of Philosophy*, 〈https://iep.utm.edu/classical-theory-of-concepts/〉.

Rob Garver, "One Year After the Capitol Riot, Many Americans See US Democracy in Peril," *VOA* January 5, 2022 1:11 PM, USA.

Alan Hattersley, *A Short History of Democracy*, Cambridge: Cambridge University Press, 1930.

Naomi Zack, *Applicative Justice: A Pragmatic Empirical Approach to Racial Injustice*, London: Rowman & Littlefield, 2016.

第 2 章　古代世界の民主主義——ギリシャ，ローマ，そしてその後

Keith R. Bradley, *Slavery and Rebellion in the Roman World, 140 B.C.-70 B.C.* Bloomington, IN: Indiana University Press, 1989, ch. V, "The Slave War of Spartacus," pp. 83–101.

Anthony Everitt, *Cicero: The Life and Times of Rome's Greatest Politician*, New York: Random House, 2001.

Cynthia Farrar, *The Origins of Democratic Thinking: The Invention of Politics in Classical Athens*, Cambridge: Cambridge University Press, 1988.

Thomas R. Martin, *Ancient Rome: From Romulus to Justinian*, New Haven: Yale University Press, 2012.

Eric W. Robinson, *The First Democracies: Early Popular Government Outside Athens*, Berlin: Franz Steiner Verlag, 1997.

第 3 章　中世とルネサンス世界の民主主義

Anthony Black, *Political Thought in Europe, 1250–1450*, Cambridge: Cambridge University Press, 1992.

Joseph Henrich, *The Weirdest People in the World: How the West Became Psychologically Peculiar and Particularly Prosperous*, New York: Farrar, Straus, Giroux, 2020〔ジョセフ・ヘンリック／今西康子訳『WEIRD「現代人」の奇妙な心理——経済的繁栄，民主制，個人主義の起源』上下，白揚社，2023 年〕.

Paul B. Newman, *Daily Life in the Middle Ages*, Jefferson, NC: McFarland and Co., 2001.

TimeMaps, “Medieval Europe: Government, Politics and War,” 〈https://www.timemaps.com/encyclopedia/medieval-europe-government-warfare/〉.

第 4 章　社会契約——統治される者たちの合意

M. J. Montero Burgos, H. Sanchiz Álvarez de Toledo, R. A. González Lezcano, and A. Galán de Mera. “The Sedentary Process and the Evolution of Energy Consumption in Eight Native American Dwellings: Analyzing Sustainability in Traditional Architecture,” *Sustainability* 12, no. 5（2020）: 1810. 〈https://doi.org/10.3390/su12051810〉.

Eleanor Curran, “Can Rights Curb the Hobbesian Sovereign? The Full Right to Self-Preservation, Duties of Sovereignty and the Limitations of Hohfeld,” *Law and Philosophy* 25, no. 2（2006）: 243–65. 〈http://www.jstor.org/stable/27639430〉.

Robert Darnton, *The Great Cat Massacre and Other Episodes in French Cultural History*, New York: Perseus Group, 1984/2009, ch. 6, “Readers Respond to Rousseau: The Fabrication of Romantic Sensitivity”〔ロバート・ダーントン／海保真夫・鷲見洋一訳『猫の大虐殺』岩波書店，1986 年，第 6 章「読者がルソーに応える——ロマンティックな多感性の形成」〕.

David Edmonds and John Eidinow, *Rousseau's Dog: Two Great Thinkers at War in the Age of Enlightenment*, New York: Harper Collins, 2006.

Rachel Foxley, *The Levellers: Radical Political Thought in the English Revolution*, Manchester: Manchester University Press, 2013.

Otto Friedrich von Gierke and Ernst Troeltsch, *Natural Law and the Theory of Society 1500 to 1800*, trans. Sir Ernest Barker, Cambridge: Cambridge University Press, 1950〔参考，オットー・フォン・ギールケ／庄子良男訳『歴史法学論文集』全 2 巻，信山社出版，2019 年〕.

Thomas Hobbes, *De Cive*, ed. Howard Warrender, Oxford: Clarendon Press, 1983〔トマス・ホッブズ／本田裕志訳『市民論』京都大学学術出版会，2008 年〕.

C. B. Macpherson, *The Political Theory of Possessive Individualism: Hobbes to Locke*, Oxford: Oxford University Press, 1962.

Jean Jacques Rousseau, *The Reveries of the Solitary Walker*, ed. Colin Choat, Project Gutenberg of Australia eBook, 2019, eBook No.: 1900981h.html〈http://gutenberg.net.au/ebooks19/1900981h.html〉〔ジャン＝ジャック・ルソー／川出良枝選，佐々木康之訳『孤独な散歩者の夢想』ルソー・コレクション『孤独』白水社，2012 年所収〕.

George S. Snyderman, "The Functions of Wampum," *Proceedings of the American Philosophical Society* 98, no. 6（1954）: 469–94. JSTOR,〈http://www.jstor.org/stable/3143870〉. Accessed June 12, 2022.

第 5 章　権利と革命――（排他的な）政治的平等

Philip B. Kurland and Ralph Lerner, eds., *The Founders' Constitution*, Chicago: University of Chicago Press, 1987,〈http://press-pubs.uchicago.edu/founders/〉.

Jeremy D. Popkin, *A New World Begins: The History of the French Revolution*, New York: Basic Books, 2019.

Ray Raphael, *A People's History of the American Revolution: How Common People Shaped the Fight for Independence*, New York: New Press, 2016.

Alexis de Tocqueville, *Democracy in America*, Chicago: University of Chicago Press, 2000〔アレクシ・ド・トクヴィル／松本礼二訳『アメリカのデモクラシー』全 2 巻（4 冊），岩波文庫，2005～2008 年〕.

第 6 章　社会的進歩主義――社会における民主主義に向けて

Jeremy Bentham, "Offences Against One's Self: Paederasty," Columbia University〈http://www.columbia.edu/cu/lweb/eresources/exhibitions/sw25/bentham/bentham_offences_1785.pdf〉.

Donald N. Duquette, "Child Protection Legal Process: Comparing the United States and Great Britain," *U. Pitt. L. Rev.* 54（1992）: 239.

Eleanor Flexner and Ellen Fitzpatrick, *Century of Struggle: The Woman's Rights Movement in the United States*, 3rd ed., New York: Belknap Press, 1996.

Immanuel Kant, *Idea for a Universal History from a Cosmopolitan Point of View*（1784）. Translation by Lewis White Beck. From Immanuel Kant, "On History," The Bobbs-Merrill Co., 1963.〈https://www.marxists.org/reference/subject/ethics/kant/universal-history.htm〉〔イマヌエル・カント／福田喜一郎訳『世界市民的見地における普遍史の理念』福田喜一郎ほか訳『カント全集 14 歴史哲学論

集』岩波書店，2000 年所収〕.
Erica G. Polakoff, “Globalization and Child Labor, Review of the Issues,” *Journal of Developing Societies* 23, nos. 1–2 (2007): 259–83, 〈https://journals.sagepub.com/doi/pdf/10.1177/0169796X0602300215?casa_token=CAxys8oxRdYAAAAA%3AI7euyG7oMpGFVkA1JGPu3RX6DH9Z2CebyrI07cfg8YTjsTHOOdnHww57ozsSMIidooY7JfcDAiB&〉.
Chris Shore, “Jeremy Bentham’s Body Gets A Contentious New Box At UCL,” 〈https://londonist.com/london/jeremy-bentham-s-body-gets-a-new-box〉.
Manisha Sinha, *The Slave's Cause: A History of Abolition*, New Haven: Yale University Press, 2016.

第 7 章　新たな民主主義体制と新たな民主主義の構想

Camille Zubrinsky Charles, “The Dynamics of Racial Residential Segregation,” *Annual Review of Sociology* 29, no. 1 (2003): 167–207, 〈https://www.annualreviews.org/doi/abs/10.1146/annurev.soc.29.010202.100002〉.
The Economist, Briefing, “India’s Diminishing Democracy-Narendra Modi Threatens to Turn India into a One-Party State,” November 28, 2020, 〈https://www.economist.com/briefing/2020/11/28/narendra-modi-threatens-to-turn-india-into-a-one-party-state#〉.
Marika Sherwood, “Colonies, Colonials and World War Two,” *BBC News. BBC* 30 (2011). 〈https://wiki.phalkefactory.net/images/4/4a/Colonies,_Colonials_and_World_War_Two.pdf〉.
Naomi Zack, *Progressive Anonymity: From Identity Politics to Evidence-Based Government*, Lanham, MD: Rowman and Littlefield, 2020.

第 8 章　民主主義の未来——脅威とレジリエンス

Paulo Friere, *Pedagogy of the Oppressed*, trans. Myra Bergman Ramos, New York: Bloomsbury, 1970〔原著ポルトガル語版からの邦訳は，パウロ・フレイレ／三砂ちづる訳『被抑圧者の教育学 50 周年記念版』亜紀書房，2018 年〕.
Jan De Houwer and Dirk Hermans, eds., *Cognition & Emotions: Reviews of Current Research and Theories*, Psychology Press, 2010.
Tana Johnson, “Polarization, Populism, and the Performance of International Organizations During the Coronavirus Crisis,” Brookings, December 17, 2020 〈https://www.brookings.edu/blog/future-development/2020/12/17/polarization-populism-and-the performance-of-international-organizations-during-the-coronaviruscrisis/〉.
Charles Mackay, *Extraordinary Popular Delusions and the Madness of Crowds*, Richard Bentley, 1841/CreateSpace Independent Publishing Platform; Reprint edition (July

23, 2011)〔チャールズ・マッケイ／塩野未佳・宮口尚子訳『狂気とバブル——なぜ人は集団になると愚行に走るのか』パンローリング，2004 年〕.

Condoleezza Rice, *Democracy: Stories from the Long Road to Freedom*, New York: Hachette Book Group, 2017.

M. N. S. Sellers, ed., *Law, Reason, and Emotion*, Cambridge: Cambridge University Press, 2017.

United Nations, "Declaration on the Rights of Indigenous Peoples," Department of Economic and Social Affairs, Indigenous People, 〈https://www.un.org/development/desa/indigenouspeoples/declaration-on-the-rights-of-indigenous-peoples.html〉〔「先住民族の権利に関する国際連合宣言」(2007 年 9 月 13 日，第 61 期国連総会採択)，内閣官房による邦訳は，たとえば札幌市のホームページ〈https://www.city.sapporo.jp/shimin/ainushisaku/keikaku/kentou-iinkai/documents/01_sankoshiryo2.pdf〉に掲載されている〕.

Naomi Zack, *The American Tragedy of COVID-19: Social and Political Crises of 2020*, London: Rowman & Littlefield, 2020.

〔本書の「参考文献」および「さらに学びたい読者のために」に挙げられている文献を除いて，本書中で触れられた主な文献の既訳書〕

アウグスティヌス／服部英次郎訳『神の国』全 5 冊，岩波文庫，1982〜1991 年

聖アウグスティヌス／服部英次郎訳『告白』改訳，上下，岩波文庫，1976 年

トマス・アクィナス／高田三郎ほか訳『神学大全』全 39 冊，創文社，1960〜2012 年

ハンナ・アレント／志水速雄訳『革命について』ちくま学芸文庫，1995 年（ドイツ語版，1994 年からの邦訳は，ハンナ・アーレント／森一郎訳『革命論』みすず書房，2022 年）

ハンナ・アレント／牧野雅彦訳『人間の条件』講談社学術文庫，2023 年

フリードリヒ・エンゲルス／一條和生・杉山忠平訳『イギリスにおける労働者階級の状態——19 世紀のロンドンとマンチェスター』上下，岩波文庫，1990 年

イマヌエル・カント／遠山義孝訳『永遠平和のために』福田喜一郎ほか訳『カント全集 14 歴史哲学論集』岩波書店，2000 年所収

国連開発計画（UNDP）『人間開発報告書 1994』（日本語版）国際協力出版会，1994 年

コンドルセ／渡邊誠訳『人間精神進歩史』全 2 冊，岩波文庫，1951 年

アダム・スミス／杉山忠平訳『国富論』全 4 冊，岩波文庫，2000〜2001 年

アマルティア・K・セン／池本幸生訳『正義のアイデア』明石書店，2011 年

アマルティア・K・セン／黒崎卓・山崎幸治訳『貧困と飢饉』岩波現代文庫，2017 年

アレクシス・ド・トクヴィル／小山勉訳『旧体制と大革命』ちくま学芸文庫，1998年
ロバート・フィルマー／伊藤宏之・渡部秀和訳『家父長制君主論（パトリアーカ）』『フィルマー著作集』京都大学学術出版会，2016年所収
デイヴィト・ヒューム／田中敏弘訳「技芸と学問の生成・発展について」『道徳・政治・文学論集 完訳版』名古屋大学出版会，2011年
G・W・F・ヘーゲル／上妻精・佐藤康邦・山田忠彰訳『法の哲学——自然法と国家学の要綱』上下，岩波文庫，2021年
カール・R・ポパー／藤本隆志・石垣壽郎・森博訳『推測と反駁——科学的知識の発展』法政大学出版局，1980年
カール・ポパー／小河原誠訳『開かれた社会とその敵——にせ予言者：ヘーゲル，マルクスそして追随者』全2巻，岩波文庫，2023年
ホメロス／松平千秋訳『イリアス』岩波文庫，1992年
ニッコロ・マキアヴェッリ／河島英昭訳『君主論』岩波文庫，1998年
ニッコロ・マキァヴェッリ／永井三明訳『ディスコルシ——「ローマ史」論』ちくま学芸文庫，2011年
カール・マルクス／武田隆夫ほか訳『経済学批判』岩波文庫、1956年
カール・マルクス／渡邉憲正訳『フォイエルバッハに関するテーゼ』カール・マルクス，フリードリヒ・エンゲルス著／渡邉憲正訳・解説，山科三郎解説『フォイエルバッハ論』新訳（マルクス・フォー・ビギナー5），大月書店，2010年所収
カール・マルクス，フリードリヒ・エンゲルス／大内兵衛・向坂逸郎訳『共産党宣言』改版，岩波文庫，2007年
ジョン・スチュアート・ミル／大内兵衛・大内節子訳『女性の解放』岩波文庫，1957年
ジョン・スチュアート・ミル／関口正司訳『代議制統治論』岩波書店，2019年
モンテスキュー／野田良之ほか訳『法の精神』上中下，岩波文庫，1987〜1988年
ジャン＝ジャック・ルソー／樋口謹一訳『エミール』上中下（ルソー選集，8〜10）白水社，1986年
ジャン＝ジャック・ルソー／安士正夫訳『新エロイーズ』全4冊，岩波文庫，1960〜1961年
ジャン＝ジャック・ルソー／原好男訳『ルソー，ジャン＝ジャックを裁く』上下，現代思潮社，1969年
ジョン・ロールズ／川本隆史・福間聡・神島裕子訳『正義論』改訂版，紀伊國屋書店，2010年

図版一覧

1. “Trump Supporters Hold ‘Stop The Steal’ Rally In DC Amid Ratification Of Presidential Election”（「トランプ支持者が大統領選挙承認期間にワシントンDCで『窃盗を止めろ』デモをおこなう」）
Samuel Corum/Stringer

2. Cleisthenes of Sicyon at the Olympic Games（オリンピック競技でのシキュオンのクレイステネス）
Photo by The Print Collector/Hulton Archive/Getty

3. “Joan at the walls of Paris,” *c*. 1860（《パリの城壁のジャンヌ・ダルク》1860年ごろ）。
©iStock/Andrew Howe

4. *Leviathan* of Hobbes after stamp from the 17th century（17世紀に印刷されたホッブズの『リヴァイアサン』）
©iStock/Grafissimo

5. The inauguration of George Washington as the first President of the United States（ジョージ・ワシントンの合衆国第一代大統領就任）
Original Artwork: Printed by Currier & Ives. Photo by MPI/Getty Images

6. Vintage engraving of sketches from the Women’s Suffrage meeting at St James’s Hall, London, 1884（1884年，ロンドン，セント・ジェイムズ・ホールでの女性参政権運動集会を描いた素描の当時の版画）
©iStock/duncan 1890

7. Flying military airplanes and machine guns（飛行する戦闘機と機関銃）
©iStock/narvikk

8. Greta Thunberg speaks at the United Nations, September 23, 2019（グレタ・トゥーンベリの国連スピーチ，2019年9月23日）
Spencer Platt/Getty Images

訳者略歴

河野真太郎（こうの・しんたろう）
一九七四年生まれ。一橋大学法学部卒、二〇〇五年、東京大学大学院人文社会系研究科博士課程単位取得満期退学。現在、専修大学国際コミュニケーション学部教授。
専門は二〇世紀イギリスの文化と社会だが、関心は文化史、ジェンダー論など多岐にわたる。主な単著および単独訳として、『新しい声を聞くぼくたち』（講談社、二〇二二年）、『この自由な世界と私たちの帰る場所』（青土社、二〇二三年）、『増補 戦う姫、働く少女』（筑摩書房、二〇二三年）、『ぼっちのままで居場所を見つける』（筑摩書房、二〇二四年）、P・バーク著『文化のハイブリディティ』（法政大学出版局、二〇一二年）、T・ジャット著（T・スナイダー聞き手）『二〇世紀を考える』（みすず書房、二〇一五年）、W・ブラウン著『新自由主義の廃墟で』（人文書院、二〇二二年）などがある。

民主主義
終わりなき包摂のゆくえ

二〇二五年 四 月一〇日 印刷
二〇二五年 五 月 五 日 発行

著者 ナオミ・ザック
訳者© 河《こう》野《の》真《しん》太《た》郎《ろう》
編集 勝 康 裕
発行者 岩 堀 雅 己
印刷所 株式会社 理想社
発行所 株式会社 白水社
東京都千代田区神田小川町三の二四
電話 営業部〇三（三二九一）七八一一
編集部〇三（三二九一）七八二一
振替 〇〇一九〇・五・三三二二八
郵便番号 一〇一・〇〇五二
www.hakusuisha.co.jp
乱丁・落丁本は、送料小社負担にてお取り替えいたします。

加瀬製本

ISBN978-4-560-09166-1
Printed in Japan